AL CAPONE
E SUA GANGUE

de Alan MacDonald
Ilustrado por Philip Reeve
Tradução de Eduardo Brandão

7ª reimpressão

O selo jovem da Companhia das Letras

Copyright do texto © 1999 by Alan MacDonald
Copyright das ilustrações © 1999 by Philip Reeve

O selo Seguinte pertence à Editora Schwarcz S.A.

Grafia atualizada segundo o Acordo Ortográfico da Língua Portuguesa de 1990, que entrou em vigor no Brasil em 2009.

Título original:
Al Capone and his gang

Preparação:
Rafael Mantovani

Revisão:
Olga Cafalcchio
Denise Pessoa

Atualização ortográfica:
Verba Editorial

Dados Internacionais de Catalogação na Publicação (CIP)
(Câmara Brasileira do Livro, SP, Brasil)

MacDonald, Alan, 1958-
Al Capone e sua gangue / Alan MacDonald; ilustrado por Philip Reeve; tradução de Eduardo Brandão. — São Paulo: Companhia das Letras, 2004.

Título original: Al Capone and his gang.
ISBN 978-85-359-0533-5

1. Capone, Al, 1899-1947 — Literatura infantojuvenil
2. Gângsteres — Biografia — Literatura infantojuvenil I. Reeve, Philip. II. Título.

04-4475   CDD-028.5

Índice para catálogo sistemático:
1. Gângsteres: Biografia: Literatura infantojuvenil 028.5

2021

Todos os direitos desta edição reservados à
EDITORA SCHWARCZ S.A.
Rua Bandeira Paulista 702 cj. 32
04532-002 — São Paulo — SP — Brasil
Telefone: (11) 3707 3500
www.seguinte.com.br
fcontato@seguinte.com.br

/editoraseguinte
@editoraseguinte
Editora Seguinte
editoraseguinteoficial

Composição: Américo Freiria
Impressão: Geográfica

A marca FSC® é a garantia de que a madeira utilizada na fabricação do papel deste livro provêm de florestas que foram gerenciadas de maneira ambientalmente correta, socialmente justa e economicamente viável, além de outras fontes de origem controlada.

SUMÁRIO

Introdução	5
Parte 1: A ascensão de Al Capone	7
O jovem Capone	7
Capone em Chicago	29
O império do Al	45
Parte 2: O reinado de Al Capone	69
Coroando Capone	69
Capone Gente Boa	89
Al no auge	107
Parte 3: A queda de Al Capone	131
Polícia e ladrão	131
Al no tribunal	149
Capone em cana	173

INTRODUÇÃO

Al Capone, vulgo Scarface*.[1] O maior gângster de todos os tempos, morto de fama como homem MAU. Se você perguntar sobre ele, vão lhe dizer que...

Se você conheceu o Al Capone assistindo a filmes de gângster, viu que ele era mau, feio, rico e desumano. Que dirigia carros velocíssimos e fumava charuto. Mas este é o Al Capone de verdade, ou apenas uma lenda?

Por exemplo, dizem que o Al era mau. Mas você sabia que ele morou com a mãe a vida inteira? Que usava ternos

---

1. Veja no Glossário no final do livro o significado das palavras assinaladas com um *. Ah, e quando falarmos num valor em dólares, lembre-se de que em dólares de hoje é trinta a quarenta vezes mais!

coloridíssimos e inventou a moda gângster? Todo mundo pensa nos gângsteres carregando a arma escondida numa caixa de violino. Mas você sabia que o Al geralmente não andava armado, que um dos seus comparsas é que levava a arma dele num saco de golfe?

Al Capone era o próprio Poderoso Chefão. Na verdade, ele era muito mais poderoso do que a maioria das pessoas imagina. Era herói e vilão ao mesmo tempo. Aqui você vai conhecer a verdadeira história de Capone. Lendo seu diário secreto, vai descobrir o que o Al poderia ter dito de todas aquelas gangues de assassinos. Vai saber tudo sobre armas, olheiros e bebidas clandestinas. Folhear o *Chicago Urgente* e ver como eram relatadas as brigas, os morticínios e os enterros dos gângsteres. Também vai ter acesso aos arquivos do investigador Lefty* Lane e ter a oportunidade de solucionar você mesmo alguns crimes.

Engraxe seus pisantes, pule na sua limusine e segure firme seu chapéu. Vai ser uma corrida de morte, sobretudo para os inimigos do Al, que acabavam mortos pra valer.

PARTE 1: A ASCENSÃO DE AL CAPONE

O JOVEM CAPONE
Cortiços, escolas e cicatrizes

DIÁRIO SECRETO DO AL
Presídio da ilha de Alcatraz   23.08.1934

Acabou acontecendo. Desta vez não consegui escapar. Eles me mandaram para esta ratoeira fedida, nesta ilha fedida, por mais oito anos fedidos. Acho que vou enlouquecer! Quer saber? Eu não devia estar aqui. É uma conspiração. Querem me fazer pagar pela minha reputação. Al Capone. Os jornais dizem que sou o maior gângster da América. Mentira! Eu sou o maior gângster da história, isso sim! Mas o Al não é um criminoso. A única coisa que ele fez foi ajudar as pessoas. Verdade, juro pela vida da minha mamma! Por que então eu vim parar nesta cela nojenta? Bem, isso é uma história comprida. Esqueça os filmes de gângster. Vou lhe contar a verdade. Os negócios, as festas, as guerras, os assassinatos...

Al Capone e sua gangue

Muita gente acha que Al Capone era italiano. Isso o deixava meio irritado.

A verdade é que Al Capone nasceu em Nova York. Pois é. Mamãe e papai Caponi é que eram italianos, como o nome indica (depois eles trocaram para Capone, que é como os americanos pronunciavam). O pai do Al, Gabriel Caponi, não era gângster. Era um homem pobre mas decente (duas coisas que não dá para dizer do filho). Gabriel era barbeiro na cidade italiana de Nápoles. Os professores de geografia costumam dizer que a Itália tem a forma de bota. Assim, Nápoles fica bem no lugar onde acaba a perna e começa o pé.

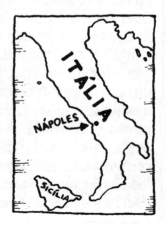

O jovem Capone

A vida nos cortiços de Nápoles era dureza. Eles eram imundos e superpopulosos. Um visitante inglês descreveu-os em 1915 como parecendo "muito mais um curral de gado do que uma cidade de gente".

Gabriel sabia que nunca ia ficar rico rapando a cabeça de napolitanos cabeludos. Como muita gente pobre, ele sonhava alto. Tinha ouvido falar do Novo Mundo. Um lugar em que as ruas eram calçadas de ouro. Uma terra em que os trens eram rápidos, as casas altíssimas e todo mundo podia ficar milionário. Era a América. Como muitos europeus pobres, Gabriel pegou o vírus da imigração. Era fácil reconhecer os sintomas.

FEBRE IMIGRATÓRIA

1. O DOENTE FICA AGITADO

2. SONHA COM A AMÉRICA

3. O QUADRO SE AGRAVA: O DOENTE SACA TODAS AS SUAS ECONOMIAS

4. ARDENDO DE FEBRE, COMPRA UMA PASSAGEM DE IDA E EMBARCA PARA NOVA YORK

Al Capone e sua gangue

O coitado do Gabriel achava que era só chegar na "terra das grandes oportunidades" para ficar rico num abrir e fechar de olhos. Então, em 1893, os Capone deixaram os cortiços de Nápoles...

...e chegaram aos cortiços de Nova York.

Sacaram a diferença? A família Capone logo sacou. Em Nápoles eles eram cidadãos italianos. Em Nova York, eram xingados de imigrantes vagabundos.

FIQUE POR DENTRO
OS HORRORES DA IMIGRAÇÃO

Na virada do século, todos os navios que atracavam em Nova York vinham lotados de imigrantes. Italianos, irlandeses, judeus e poloneses tinham seus bairros no Brooklyn — um dos cortiços da cidade. Se você passeava pelas ruas do Brooklyn, a primeira coisa que sentia era uma fedentina de matar. O mau cheiro salgado do mar, o mau cheiro do óleo do porto, o bafo de cerveja dos bares e o bodum das moradias entulhadas de gente. O pior de tudo era o fedor nauseabundo que vinha do canal. Nas suas águas imundas, você não ia encontrar apenas umas barcaças podres de velhas, mas de vez em quando um cadáver ou dois boiando no meio dos aguapés. Você gostaria de morar num lugar assim? Então não se espante com o fato de que na década de 1890 voltaram mais italianos para a Itália do que vieram para os Estados Unidos.

Apesar desses pesares, os imigrantes não paravam de chegar, atraídos pelas histórias fabulosas de trabalho e riqueza. Em 1891 um americano calculou que, nos quinze anos precedentes, 6,5 milhões de imigrantes tinham desembarcado na América. O que era um décimo da população dos Estados Unidos. (Ele se esqueceu de que 95% dos americanos eram originários de outros países...) Os recém-chegados que contavam com uma recepção calorosa devem ter se desapontado. Porque muitos americanos tinham ideias nada lisonjeiras sobre os imigrantes: achavam que italianos como os Capone eram preguiçosos, ignorantes e, além de tudo, criminosos.

Um escritor americano garantia que os napolitanos eram os piores de todos. Dizia que tinham:

Claro, convinha a certos americanos dizer que os imigrantes eram uma espécie de cruzamento de Quasímodo com Frankenstein. Podia haver desculpa melhor para embarcá-los de volta para seus países? A verdade é que o único crime da maioria dos imigrantes era terem sido tão crédulos, a ponto de acreditar que a América era a terra dos sonhos. Se a família do Al Capone tivesse ficado na Itália, a vida dele poderia ter sido completamente diferente.

O jovem Capone

Paraíso nova-iorquino

O Brooklyn estava longe de ser o paraíso com que Gabriel Capone sonhara. Além do fedor, seus moradores viviam amontoados que nem sardinha em lata. Não tinha parques nem árvores. Proliferavam no bairro os antros de jogatina, os salões de tatuagem, as vendinhas de bebida e os pregos, onde as pessoas entregavam coisas suas ao agiota em troca de dinheiro (mais tarde podiam reavê-las, mas pagando juros astronômicos). Se é verdade que um dia as ruas foram calçadas de ouro, os lingotes tinham sumido há muito tempo.

A família Capone instalou-se num apartamento da Navy Street. O aluguel era de uns quatro dólares por mês. Pode parecer muito pouco, mas os salários também não eram os de hoje. O salário médio era de dez dólares por semana, menos do que o Gabriel ganhava na Itália. Além do mais, o conforto era nulo: o apê não tinha aquecimento (em Nova York faz um frio do cão), não tinha água quente, não tinha banheiro. Nos dias gelados do inverno, a família se amontoava em volta de uma estufa a carvão, para não virar picolé. Quem quisesse fazer suas necessidades, tinha de ir na casinha de madeira que ficava no quintal.

Mais de uma vez Gabriel e Teresa devem ter se arrependido amargamente de terem saído de Nápoles. Mas como haviam comprado só a passagem de ida, não tinham como voltar. Gabriel logo abriu seu negócio, a "Barbearia Capone". Seus rendimentos não aumentaram muito, mas sua família sim.

A família chegou da Europa com dois filhos — Vincenzo e Ralph. Não demorou muito para nascerem mais sete.

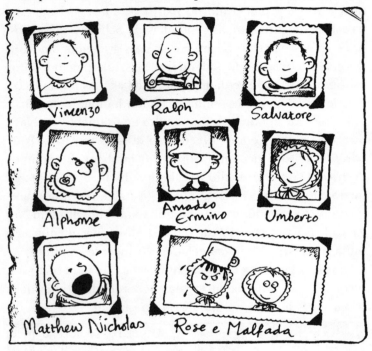

Nome de bacana

Alphonse, o quarto da leva, nasceu no dia 17 de janeiro de 1899. Seus pais não podiam imaginar que aquele bebezinho fofo ia se tornar o mais famoso gângster da história. Senão, com certeza teriam escolhido outro nome para ele, porque Alphonse era o tipo de nome que não combinava com um gângster. Não é de espantar que ele preferisse ser chamado de Al. A maioria dos irmãos também trocou de nome. Vincenzo virou James, Salvatore quis ser Frank, Um-

O jovem Capone

berto se promoveu a Albert John, e Amadeo respondia por John ou Mimi. Imagine só que confusão devia ser!

Por que tantos Capone tinham dois nomes? Porque eram ítalo-americanos. Hoje em dia, as pessoas têm orgulho de ser ítalo-americanas ou afro-americanas, mas naquela época as coisas eram diferentes. Em casa, os Capone falavam entre si em italiano (tinham de falar, porque a mãe deles nunca conseguiu aprender inglês). Fora da família, era diferente. As crianças queriam ser aceitas na escola, por isso falavam inglês e adotaram nomes americanos. Depois de adulto, Al costumava dizer:

Não sou gringo. Meus pais são americanos natos, eu também.

Claro que era uma tremenda mentira, mas quem é que se preocupava com a verdade? O Al é que não.

Alzinho Beira-Porto

O que transformou o garoto Al num gângster? Será que é porque ele assistia a muitos filmes de gângster? Ou será porque a mãe dele o levava para assaltar lojas aos sábados?

Nem uma coisa nem outra. Ainda não tinham inventado

filmes de gângster, e os pais de Al eram gente honesta e trabalhadora. Os Capone eram uma família ítalo-americana comum. Gabriel ia trabalhar na barbearia, e Teresa cuidava das crianças. Eram pobres, mas tinham uma vida decente. Teresa às vezes ganhava um dinheirinho extra, costurando para fora. E, para ajudar a pagar as contas, sublocaram uma parte do apartamento para um casal (com nove filhos em casa, duas pessoas a mais não devia fazer muita diferença!). Vai ver que foi o ambiente do Brooklyn que levou o Al para o mau caminho: nos cortiços, você tem de ser durão para sobreviver. Na escola, o Al era chamado de "melequento" ou de "macarrão" por seus colegas irlando-americanos. Mas ele era grandão para a idade e tinha um temperamento explosivo. Os outros garotos logo entenderam que mexer com Al Capone era comprar briga na certa. Al não tinha medo de ninguém.

DIÁRIO SECRETO DO AL

1909

Depois das aulas, costumo dar um rolé lá pelo porto. Adoro esse lugar, os navios enormes sendo carregados, o cheirinho de maresia. Às vezes dou uma colher de chá a alguns dos meus colegas e deixo que venham comigo. Ficamos no portão vendo a troca de guarda dos fuzileiros navais. A gente rola de rir. O sargentão dá a maior dura nos recos. Obriga os caras a ficar um tempão marcando passo, antes de debandar. Se um deles sai do passo, a tropa inteira tem de ficar marcando passo até aquele buldogue achar que tá bom. Hoje

O jovem Capone

tinha o reco mais imbecil que eu já vi. Nunca conseguia acertar o passo, e o sargentão deixou a tropa toda marcando passo durante horas. Mas o palerma não se tocava. Quase arrebentei de rir. Até que, afinal, acabei gritando:

Ei, número 3! Acerta o passo, seu panaca, senão ninguém vai embora!

reco

O bocó acertou o passo, mas a cara dele ficou mais vermelha que um tomate.
Quando foi dispensado, o mané veio bufando para o portão e fez que ia escarrar em mim. Cara, perdi a cabeça.
"Que foi? Vem aqui fora, se você é homem!", berrei. Meus colegas olharam para mim como se eu fosse um herói. Pensando bem, acho que sou mesmo. O cara era um baita fuzileiro de um metro e oitenta acima do nível do mar, e eu apenas um moleque de dez anos. É, mas pareço ter catorze e sei me defender muito bem. Se aquele pamonha passasse o portão, ia ver o que é bom pra tosse. No que a coisa estava esquentando, o sargentão aparece e manda o reco voltar para a barraca. "Você tirou o cara do sério, guri", ele disse para mim. "Mas se ele cuspisse mesmo em você, ia levar uma punição."

> "Não precisa punir ele não", falei. "Deixa ele sair aqui fora, que eu dou um jeito nele pra você!" Então dei meia-volta volver e fui embora. Meus colegas ficaram olhando pra mim de boca aberta. E eu me senti o máximo. "Tá doido, Al?", disse o Lucky.* "Você ia mesmo sair no braço com ele?"
> "Só com ele, não", respondi. "Ia dar porrada na tropa toda."
> No dia seguinte, a escola inteira estava sabendo que o Al Capone tinha chamado pra briga um fuzileiro naval. Nada mau para um garoto de dez anos, não acha?

Escola de porrada

As avós gostam de contar que, nos bons tempos delas, quem se comportava mal na escola apanhava de vara. Na escola do Al, não era assim. Nenhum aluno apanhava de vara: levava soco, paulada, era espancado... Brigar fazia parte das atividades escolares, e os professores eram tão violentos quanto os alunos. Uma professora típica era assim: uma irlandesazinha musculosa de dezesseis anos, treinada por freiras (as quais também já foram em seu tempo lutadoras profissionais). Como seus alunos normalmente eram maiores que ela, ela mantinha a ordem como podia. Giz e apagadores voavam pela sala como mísseis. As réguas eram usadas mais para bater do que para traçar linhas.

Não é de admirar que o Al vivesse matando aula. Na

classe, era um aluno mediano, mas logo ficou para trás de tanto faltar. Aos catorze, repetiu de ano. Imagine a humilhação de sentar-se com pirralhos um ano mais moços! Naquele ano Al resolveu largar a escola. Como sempre, foi seu pavio curto que precipitou as coisas. Quem lhe chamasse a atenção corria sério risco. Pois um dia a professora dele o tirou do sério. Vocês podem imaginar o que o diretor da escola deve ter escrito para os pais do Al.

Escola Pública de Nova York n° 113

Caro sr. Capone,

Escrevo-lhe para informar de um recente incidente envolvendo seu filho, Alphonse. Todos sabemos que Alphonse tem um temperamento explosivo, mas desta vez ele foi longe demais.

Sua professora, a srta. O'Hara, às vezes dá um delicado puxão de orelha em Alphonse. (Quando digo delicado, quero dizer que Alphonse continuava consciente e com a orelha intacta depois do puxão.) Mas quando ela fez isso semana passada, seu filho teve uma das suas crises de raiva. "Tire suas patas sujas de cima de mim!", berrou.

A srta. O'Hara disse que havia apenas levantado a mão para coçar a cabeça (dela mesma). Mas lamento dizer que seu filho lhe "deu uma porrada na boca" (são as palavras dele). Seguiu-se uma briga pavorosa, que terminou com a srta. O'Hara "levada a nocaute" (conforme disse Alphonse).

Esta escola não pode permitir que os alunos batam nos seus professores. Estou certo de que, bom pai como é, o senhor ficará contente em saber que passei uma bela descompostura em Alphonse. A última vez que o vimos, ele estava escapando pelo portão da escola. Depois disso não apareceu mais, e logo notamos a diferença. A quantidade de brigas nas salas de aula caiu para apenas 27 esta semana. Creio que todas as crianças merecem receber educação, mas no caso de Alphonse estou convencido de que devo abrir uma exceção. Assim, por favor, nem pense em mandar seu filho de volta para a minha escola. Quem sabe seus talentos não seriam mais bem aproveitados numa academia de boxe!

Sinceramente,

Edward T. Whackafeller.

Edward T. Whackafeller
Diretor — Escola Pública nº 113

P.S.: A srta. O'Hara vai ter alta do hospital semana que vem.

Al nunca mais apareceu. Com catorze anos, decidiu que não pisava mais em escola nenhuma. Na verdade, nunca tinha prestado muita atenção às aulas — era na rua que ele aprendia suas lições. Depois de largar a escola, Al fez uma série de bicos. Foi ajudante numa confeitaria, arrumador de pinos num boliche e finalmente cortador de papel numa encadernadora de livros. Mas nenhum desses trabalhos despertou seu interesse. A verdade é que ele já estava enveredando pelo caminho do crime.

O jovem Capone

As ruas do Brooklyn abundavam em gangues. Um cara violento como o Al estava destinado a entrar para uma delas mais cedo ou mais tarde.

FIQUE POR DENTRO
NOMES DE GANGUES

Como eram as gangues de Nova York e Chicago? Eram mais que simples grupos de delinquentes que vagavam pelas ruas. As gangues dos anos 1820-1920 muitas vezes tinham o tamanho de um verdadeiro exército particular.

As gangues irlandesas geralmente brigavam com as gangues italianas; os napolitanos odiavam os sicilianos. Às vezes os membros de uma mesma gangue se desentendiam, criando duas gangues que disputavam o mesmo "pedaço". As gangues marcavam seu território que nem gato de rua. Se outra gangue o invadia, estava chamando para a briga.

O nome das gangues era importante. Uma gangue que se chamasse Delicados da Zona Sul não teria durado muito. Por isso, as gangues inventaram nomes da pesada para si.

Al Capone e sua gangue

Algumas gangues, como os Whyos, eram tão eficientes que até distribuíam aos clientes uma lista impressa com o preço dos "serviços" que prestavam:

👊	Soco	$2
👀	Dois olhos roxos	$4
	Quebrar nariz e queixo	$10
	Cacetada na cabeça (nocaute garantido)	$15
	Arrancar orelha a dentadas	$15
	Quebrar braço ou perna	$19
	Tiro na perna	$25
	Facada	$25
✝	Serviço completo	$100

A maioria das gangues tinha a sua divisão de juniores, que contava com pivetes precoces, alguns de apenas oito anos. Viver em meio a uma gangue devia parecer um charme para um adolescente como o Al. Em casa, ele era empilhado num quartinho pulguento com seus oito irmãos e irmãs. Com a gangue, ele podia vadiar pelas ruas, amedrontando os outros e sentindo-se alguém.

A gangue foi a porta de saída que Al encontrou para a pobreza. Como um jornalista ítalo-americano escreveu: "O imigrante italiano que não virou criminoso ou louco era um santo".

O jovem Capone

Gangue social e dramática

A gangue a que Al Capone se juntou na adolescência chamava-se The Five Pointers, os cinco *pointers* (o pointer é um cão de caça, tipo perdigueiro). Os Five Pointers foram os sucessores dos célebres Whyos. Quando estavam no auge, chegaram a ter um exército de 1500 membros, que aterrorizava Manhattan.

Toda gangue tinha seu quartel-general. O letreiro pendurado na porta dos Five Pointers dizia inocentemente:

Nem parece esconderijo de gangue, parece? Era para não parecer mesmo! A maioria das gangues disfarçava seu quartel-general com uma fachada respeitável. Depois de um assassinato a facadas ou a tiros, a polícia baixava no grêmio atrás dos assassinos. Mas tudo o que encontrava eram alguns sócios jogando baralho ou dados.

A polícia ficava com cara de boba, enquanto os assassinos caíam fora pela porta dos fundos...

Os primeiros trabalhos do Al para a gangue foram uns bicos. Um tal de Frankie Yale lhe arranjou um trabalho de barman e leão de chácara num boteco malcheiroso chamado Harvard Inn. Você sabe o que é um leão de chácara, não é? Aquele cara "fracote" que expulsa "delicadamente" o freguês que apronta alguma.

Para o caso de as coisas ficarem pretas, deram-lhe até um revólver. Al passava horas a fio atirando em garrafas de cerveja num terreno baldio, para treinar a pontaria.

Scarface

Al tinha aprendido a usar armas no Exército. A Primeira Guerra Mundial estourou quando ele tinha quinze anos. Dois anos depois, os Estados Unidos entraram na guerra, e Al foi convocado. Ele costumava contar para a sua galera que conquistara as suas horrendas cicatrizes no campo de batalha. Verdade? Conversa! O único campo que Al conheceu foi o de treinamento do Exército. Suas célebres cicatrizes, ele ganhou numa briga de botequim.

Foi assim. Certa noite um brutamontes chamado Frank Gallucio apareceu no Harvard Inn. Al cometeu a gafe de insultar a irmã dele. Frank puxou um canivete e partiu para cima do Al. Quando a briga acabou, Al estava com três cortes horrendos na cara. Um deles tinha dez centímetros, e descia até embaixo da face esquerda. Daquele dia em diante, sempre que posava para um retrato, Al virava a face direita para a câmera. Mais tarde ganhou o apelido de Scarface. Não se sabe de ninguém que o tenha chamado assim na cara dele porque, se alguém chamou, não viveu para contar.

Amor verdadeiro

As cicatrizes do Al não melhoraram sua aparência, mas não o impediram de encontrar o verdadeiro amor. Conheceu uma moça numa festa num clube de porão.
Ela era alta, bonita. Chamava-se Mae.

Mae Coughlin era uma americana de origem irlandesa que trabalhava numa loja de departamentos. Al se apaixonou por ela, e eles se casaram pouco antes do Natal de 1918.

Até a certidão de casamento deles contém algumas das mentirinhas do Al. Está escrito lá que a noiva e o noivo tinham vinte anos. Na verdade, Al tinha 19 e Mae, 21. Ele tirou um ano dela e pegou para ele.

Um ano depois, Mae e Al tiveram um menino. Chamaram-no de Albert Francis. Albert sempre foi conhecido como Sonny (os Capone nunca usavam os nomes de batismo, lembra?).

Com Mae e Sonny para sustentar, Al começou a ficar preocupado. Ele queria que Mae tivesse casacos de pele e joias, mas não dava para comprar muitos diamantes com o salário semanal de 25 dólares, que era o que ele ganhava como barman. Além do mais, Al vivia metido em encrencas. As pessoas que se desentendiam com ele tinham o mau costume de acertar as contas de uma forma não muito elegante.

DIÁRIO SECRETO DO AL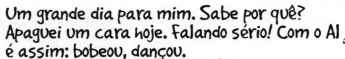

17 de outubro de 1918

Um grande dia para mim. Sabe por quê? Apaguei um cara hoje. Falando sério! Com o Al é assim: bobeou, dançou.

O caso foi o seguinte. Eu estava num carteado, de olho naquele cara. O sortudo só tirava ases, não parava de ganhar. Quando acabou o jogo, foi embora com 1 500 dólares no bolso. O que mais eu podia fazer? Não ia deixar aquela grana toda sair voando porta afora, ia?

Desci a escada na frente do cara e, na entrada do prédio, dei uma prensa nele. "Ei, cara, quem está com os ases na mão agora?", perguntei. No que ele olha para baixo, vê minha arma grudada na barriga dele. "Que que é isso, rapaz? Fazer uma coisa dessas comigo? Eu sei quem é você", disse o cara. Era tudo o que ele não devia ter dito. O que mais eu podia fazer? O panaca está ameaçando me dedar à polícia. Tive de dar um jeito nele. Bangue! Para nunca mais abrir a boca.

Peguei a grana e caí fora. Não vá imaginar que fiquei mal por causa disso. Ele disse o que não devia. Se virou presunto, a culpa foi só dele. Minha é que não foi.

O jovem Capone

Este foi apenas o primeiro assassinato do Al, que logo ganhou uma ficha na polícia de Nova York.

NOME: Alphonse (Al) Capone
APELIDOS: Al Brown, Snorky* para seus comparsas ou Scarface (nunca use este apelido, ele fica fulo da vida)
ALTURA: 1,79 metro
TEMPERAMENTO: pavio curto
PUNHOS: enormes
CICATRIZES: três, na face esquerda, mandíbula e pescoço
OCORRÊNCIAS: detido por má conduta (briga). Solto. Suspeito de dois assassinatos.

Aos 21 anos, ele estava com dois assassinatos nas costas e tinha mandado um terceiro sujeito para o hospital. Agora, não era só a polícia que andava atrás dele: os amigos do cara do hospital também. Nova York estava ficando perigosa para o Al.

Ainda bem pra ele que, naquela época, trabalho é o que não faltava em lugar nenhum. Um chefão chamado Johnny Torrio telefonou um dia, convidando o Al para ir trabalhar para ele em Chicago. Ia ser o primeiro passo de Al Capone no caminho da fama e da fortuna.

CAPONE EM CHICAGO

Biroscas clandestinas e bebidas traficadas

Al estava com 22 anos em 1921, quando chegou a Chicago. Era uma época e tanto para ele.

> **DIÁRIO SECRETO DO AL**
>
> 28 de setembro de 1921
>
> Que arraso! Chicago é uma cidade feita sob medida para um cara como eu. É grande, barulhenta e cheia de vigaristas. Dizem que o crime não compensa, mas em Chicago parece que compensa sim, e muito!
> Eu sempre soube que fui talhado para voos muito mais altos. Claro, por enquanto estou apenas trabalhando num bar, mas é questão de tempo. Não vai demorar muito para ouvirem falar de Al Capone. Tenho meus planos. E eles não incluem montar uma loja de doces e pirulitos para crianças.
> Johnny tem um senhor negócio

funcionando aqui, e vou tirar a minha casquinha, vocês vão ver.
O Al é o tipo do cara bom para ele ter à mão.
- Estou sabendo que cada macaco deve ficar no seu galho e sei ficar de bico calado. Mas também sei me virar por conta própria. Claro, posso ter de dar um trato nuns caras para o Johnny, mas a vida é assim! (Ou vai ver que a morte é que é! Rá, rá, rá!)
- Em todo caso, não vou ser pau-mandado a vida toda. O Al tem cabeça, e é esperto demais para ficar muito tempo por baixo da carne-seca. Chicago que se cuide!

FIQUE POR DENTRO
CHICAGO NOS ANOS 20

- Segunda maior cidade dos Estados Unidos (depois de Nova York).
- Uma das que mais cresciam no mundo.
- População em 1920: 2,7 milhões, e não parava de crescer — americanos, poloneses, irlandeses, russos, alemães, suecos, tchecos, boêmios (da Boêmia e da boemia), italianos... tinha de tudo lá.

Capone em Chicago

- Tamanho: 42 quilômetros de comprimento por 22 de largura. (Não disse que era grande?)
- Comentários de alguns visitantes:

> "Um borrão escuro sob o céu."
> Do escritor inglês H. G. Wells
> (o autor de *A guerra dos mundos*)
>
> "Vi, e desejo urgentemente nunca mais voltar a vê-la." Do também escritor inglês Rudyard Kipling (o criador de Mogli, o menino-lobo)
>
> "É habitada por selvagens. Seu ar é imundo."
> Outro elogio de Kipling

Al Capone e sua gangue

Chicago podia não agradar aos escritores britânicos metidos a besta, mas era uma senhora cidade para os gângsteres. Era violenta, fedorenta, suja e palpitante de vida e morte. As perspectivas para o crime eram infinitas. Em uma única semana de 1919, houve o recorde de 250 assaltos. Isso significa que pelo menos um banco ou uma loja da cidade era assaltado a cada hora!

Como um vereador de lá disse: "Chicago é única. É a única cidade completamente corrupta da América". Em Chicago, todo mundo era subornável: policiais, políticos, juízes, até o prefeito. Big Bill Thompson nunca imaginou que ia ser eleito. Só tinha entrado na eleição por causa de uma aposta de cinquenta paus! Mas logo percebeu que ser prefeito tinha as suas vantagens. Por exemplo, bastava fechar os olhos para a jogatina e a extorsão, e ele embolsava uma parte da grana.

Al Capone e Chicago foram feitos um para o outro. Chicago era a capital do crime nos Estados Unidos, e Al ia virar o seu mais célebre criminoso.

Capone em Chicago

Baixinho e Grandão
O chefe do Al, Johnny Torrio, logo se tornou seu herói.

Claro, as recomendações que Torrio lhe fazia não tinham muito a ver com as que um pai costuma fazer ao filho. A maioria dos conselhos dizia como Al precisava se comportar para se tornar um grande criminoso.

O apelido de Torrio era Little Johnny, por causa da sua pequena estatura. Al tinha de olhar para baixo para vê-lo, porque o chefe batia no seu peito. Fora isso, Al idolatrava o coroa. Os dois se tornaram uma dupla famosa, o Baixinho e o Grandão do crime. Little Johnny era calmo, inteligente e caladão; Big Al era jovem, barulhento e estourado.

Torrio dizia nunca ter atirado em ninguém. Devia ser verdade. Ele sempre mandava um dos seus capangas puxar o gatilho. Por isso, nunca foi preso. Ele era o cérebro do bando, o mentor intelectual do crime. Tinha ido para Chicago a convite do tio, Big Jim Colosimo. Quando Al chegou à cidade, Torrio estava se tornando um poderoso chefão. Não demorou a perceber quanto seu jovem parceiro podia ser útil. Al era mais do que um bandido. Era um bandido com miolos!

Al foi trabalhar no bar de Torrio, que se chamava The Four Deuces.* Claro, no prédio não funcionava apenas um bar. Ele abrigava outras atividades clandestinas.

The Four Deuces

Capone em Chicago

Al logo foi promovido. Como novo gerente do Four Deuces, a primeira coisa que fez foi dar à casa uma fachada respeitável. Al tinha aprendido com Torrio que gângster que se preza não pode ter aparência de malandro. Tinha de ter ares de um próspero empresário. Tanto que até mandou fazer um cartão de visita. Olhe como era:

ALPHONSE CAPONE
móveis de segunda mão
2222 South Wabash Avenue

Para dar crédito a essa história de "móveis de segunda mão", Al arranjou uma velha loja de rua, guarnecendo-a de um piano, três mesas, uma cadeira de balanço, uns tapetes, um aquário e uma estante de livros, entre os quais uma Bíblia. Até incluiu seu nome no catálogo telefônico como antiquário. Mas se alguém ligava para o número, uma voz mal-educada respondia: "Tá fechado hoje!".

A verdade é que o Al estava num ramo bem diferente de comércio. Se fosse para traduzir a verdade, seu cartão de visita deveria trazer os dizeres:

AL CAPONE
AGENTE FUNERÁRIO
FUNERAIS SOB ENCOMENDA

NOSSO ALVO É LIQUIDAR OS SEUS PROBLEMAS
2222 SOUTH WABASH AVENUE

Al Capone e sua gangue

Big Jim e Little Johnny

Os patrões do Al, Big Jim Colosimo e seu sobrinho, Johnny Torrio, iam muito bem de vida. Big Jim era dono de uma das casas noturnas mais badaladas da cidade, o Colosimo's Café. Os ricos e famosos entupiam a casa para ouvir e dançar os ritmos da moda, como o *turkey trot*, o *bunny hug* e o *grizzly bear*. Uma noite no Colosimo's Café era uma experiência inesquecível.

Passando discretamente de mesa em mesa, o dono em pessoa: Big Jim. Perto dele, os outros gângsteres pareciam uns pobres coitados. Big Jim era louco por diamantes. Tão louco que os ostentava nos dedos, na fivela do cinto, no alfinete de gravata, na pulseira do relógio, nos botões da camisa e nos punhos. Como se não bastasse, sempre andava com

Capone em Chicago

um saco cheio deles, para brincar com seus cachorrinhos. Big Jim ganhava 50 mil dólares por mês com seus negócios. Mas a maior parte da grana ele devia ao (digamos assim) tino comercial do sobrinho, Johnny Torrio. E Torrio estava ficando cansado de ganhar grana para os outros. Um belo dia, uma oportunidade de ouro lhe caiu do céu. Foi a chamada Lei Seca — ou, como dizem os americanos, a Proibição.

A proibição das bebidas

A Lei Seca — que proibia a venda de bebidas alcoólicas — chegou a Chicago pouco depois de Al Capone. Para Al, era como tirar a sorte grande! Se a Lei Seca não tivesse sido aprovada, Al nunca teria ficado multimilionário.

Al Capone e sua gangue

CHICAGO URGENTE

12 de janeiro de 1920

O SAARA É AQUI

A partir da meia-noite de ontem os Estados Unidos vivem uma nova realidade. Com a Lei Seca, as bebidas alcoólicas foram proibidas. Agora é ilegal vender cerveja, uísque ou qualquer outra bebida alcoólica. Os partidários da proibição brindaram sua vitória... com refrigerante, é claro. Antes da meia-noite, as ruas de Chicago estavam fervilhando de gente querendo tomar a saideira.

O "xerife" da Lei Seca, John F. Kramer, garantiu que "essa lei vai ser cumprida em todas as cidades, grandes e pequenas". Minutos depois da sua declaração, um caminhão carregado de uísque foi assaltado por um bando, na Westland Street, aqui em Chicago.

Brecha na lei

A nova lei significa que em Chicago a bebida vai acabar? Este jornalista duvida. A lei diz que é proibido fabricar, vender ou transportar bebidas. Mas beber mesmo não é ilegal, e quem faz a lei ser cumprida é a polícia. Perguntamos: você acredita que os policiais vão todos parar de beber?

Policial comemora a Lei Seca

Capone em Chicago

Talvez o resultado mais curioso da Lei Seca tenha sido a febre dos refrigerantes que tomou conta dos Estados Unidos. De uma hora para outra, homens e mulheres se apinharam nos locais que vendiam milk-shake, refrescos e coca-cola. Por que essa febre repentina? Corria o boato de que o milk-shake era só fachada para outras coisas que você podia comprar na moita...

Uma mina de ouro

No meio de toda a confusão, uma categoria de pessoas saudou a Lei Seca com obas e vivas. Os gângsteres! Para Johnny Torrio, a nova lei atendia a todas as suas preces. Ele ia fazer fortuna com ela. As pessoas continuavam querendo beber, por isso Torrio venderia bebida para elas — e a que preço! Um copo de cerveja, que custava uns cinco centavos antes da lei, passou a custar dez vezes mais, com duas vezes menos álcool.

Torrio tinha tanta certeza de que ia ficar rico com a Lei Seca que decidiu dar a Al Capone uma parte no negócio. Al já tinha mostrado que era esperto e estava crescendo o bastante para se tornar seu sócio.

Mas tinha uma pedra no caminho deles — o volumoso vulto de Big Jim Colosimo. O chefe de Torrio não queria entrar no negócio da bebida clandestina. Ele tinha se apaixonado recentemente por uma jovem cantora, chamada Dale Winter. O que fez correr o boato de que "Big Jim amoleceu". Se Torrio queria construir seu império etílico, tinha de tirar Big Jim do caminho. O curioso é que pouco depois Big Jim foi assassinado. Quem o matou? Ninguém sabe.

Eis como o investigador Lefty Lane poderia descrever o mistério. Veja se você descobre quem foi o assassino.

Al Capone e sua gangue

ARQUIVO G

Caso: Quem matou Big Jim?
Data: 12.05.1920
Encarregado: Invest. Lefty Lane

A mulher que veio ao meu escritório é do tipo que não passa despercebida. Esguia, morena, pele sedosa e enormes olhos azuis. Disse que se chamava Dale. Dava para ver, só pela maneira como se vestia, que um dólar a mais ou a menos não era um problema para ela.

"Quero que descubra quem matou meu marido", disse ela, arregalando seus enormes olhos azuis.

"Claro, minha senhora", respondi. "Sou um tira. É meu trabalho. Quem era o seu marido?"

"Big Jim." Ela me deu um tempo para assimilar a informação. Claro que eu sabia quem era. Todo mundo em Chicago conhecia o Big Jim. Era o tipo de cara que tinha um monte de amigos. E um monte de inimigos também. Pedi à mulher que sentasse e me contasse toda a história.

O falecido Big Jim Colosimo

Dale disse que fazia uma semana que ela e o Jim tinham voltado da lua de mel. (Ela parece ter uns dezenove anos, e Jim já não era um garotão. Mas não gosto de falar mal de mortos.) Ontem Big

Capone em Chicago

Jim recebeu um telefonema do sobrinho, Johnny Torrio. Jim teve de sair para tratar de um negócio logo depois. Dale não sabe que negócio era — mas pode apostar que não era comprar pirulito na esquina. Por volta das quatro, Big Jim saiu para um encontro no Colosimo's Café. Levava uma rosa vermelha na lapela e seu revólver com cabo de madrepérola no bolso. Dale deu-lhe um beijo de despedida. Foi a última vez que o viu com vida. Quando parou de chorar, servi-lhe uma bebida. Ela fez que não, de modo que eu mesmo tomei.

Mais tarde, dei um pulo ao restaurante do Big Jim. A chuva quicava na calçada como se seus pingos fossem de borracha. No vestíbulo, notei uma janela quebrada e uma bala alojada na parede. Passei por cima de uma coisa caída no carpete. Big Jim estava estirado de barriga para baixo. A bala que atravessou sua cabeça sugeria que ele não estava tirando uma soneca. Pelo ângulo do tiro, deduzi que o assassino devia tê-lo esperado na chapelaria.

Interroguei o porteiro. Ele contou que um estranho entrou no vestíbulo logo depois de o Jim chegar. O sujeito era baixote, tinha a cara gorda e usava um chapéu *derby* preto. Mostrei ao porteiro fotos de alguns criminosos, ele apontou a de Frankie Yale.

Tinha uma coincidência aqui. Frankie Yale era um velho amigo do Al Capone, dos tempos do Brooklyn. E para quem Al trabalhava ultimamente? Johnny Torrio. E quem mais saía lucrando com a morte do Big Jim? Johnny Torrio. Ele ficava com o negócio, com todo o esquema. Tudo começava a se encaixar.

Frankie Yale — o homem do chapéu

Dei um pulo no escritório do Johnny, para lhe dar meus pêsames. Quando falei do Jim, os olhos dele marejaram. "Eu e o Jim? Éramos como irmãos", choramingou. Era comovente, eu mesmo quase caí em prantos.

Levamos Frankie Yale para o reconhecimento. Mas o porteiro disse que não era ele. Dale nunca descobriu quem a deixou viúva. Eu? Eu posso arriscar um palpite sobre quem fez o serviço. O que você acha?

Os suspeitos:

1. Al Capone 2. Johnny Torrio 3. Frankie Yale

Capone em Chicago

> Conclusão
> Eu seria capaz de apostar que Al Capone planejou o assassinato e que Frankie Yale puxou o gatilho. Tudo se encaixa. O chefe do Capone, Torrio, queria se livrar do tio e mandou Capone cuidar do assunto. O assassino tinha de ser alguém de outra cidade, logo, quem melhor do que Frankie, o velho amigo de Capone? Torrio marcou encontro com Colosimo no café, às quatro da tarde, Yale fez o resto. O porteiro quase estragou a festa. Mas não teve peito para reconhecer o Yale na delegacia. Dá para entender o coitado. Como única testemunha, ele não chegaria vivo ao julgamento.

O enterro do Big Jim foi tão monumental e extravagante quanto o próprio. Entre as coroas de flores, duas enormes se destacavam. Uma dizia "do Johnny", e a outra, "do Al". Era típico de Capone. Sempre que um rival dele era apagado, ele mandava flores para o funeral!

Com Big Jim fora do páreo, Torrio virava dono do império do falecido. Capone tinha passado a ser seu homem de confiança, o vice-imperador. Os seus tempos de leão de chácara num boteco do Brooklyn eram águas passadas. Mas ele não tencionava ser para sempre um simples braço direito. Al observava e aprendia. Um dia ia ser tão poderoso quanto Torrio. Na verdade, ele ia se tornar o mais poderoso de todos os chefões.

O IMPÉRIO DO AL
Guerras de cerveja e voto de cabresto

"O Al? É um bom rapaz!", dizia Teresa Capone. Claro, ela era mãe dele, portanto tinha todo o direito de pensar assim. Mas como era o Al, longe dos tiros e do tráfico de bebidas? O que fazia um gângster quando voltava para casa e tirava os sapatos? Como a maioria dos italianos, Al tinha uma família enorme. Por isso comprou uma casa enorme na South Prairie Avenue para alojar a família toda. O número 7244 era uma casa igual às outras dessa avenida: uma casa de tijolos, de dois andares.

Por dentro era bem diferente. Al agora era um homem rico. E queria que todo mundo soubesse disso.

Lar, doce lar — parte 1

De noite, Al tocava o Four Deuces e cuidava dos inimigos de Torrio; de dia, era o Al Brown bonachão, em casa com a família. E que família! A vida devia ser dura para Mae. Agora ela fazia parte do clã dos Capone. Logo que comprou a casa, Al trouxe para morar com eles a *mamma* e seu exército de irmãos e irmãs. Pobre Mae! Em casa todo mundo falava italiano, de modo que ela nunca sabia de que estavam falando na sua própria casa. Às vezes, era melhor que não soubesse mesmo.

O império do Al

FIQUE POR DENTRO
CASADA COM A MÁFIA

Nos anos 20, as mulheres estavam assumindo um papel cada vez maior na vida social. Elas queriam opinar sobre o governo do país, e em 1920 finalmente conquistaram o direito de votar. Passaram a usar cabelos mais curtos e abandonaram espartilhos e corpetes. Ousaram fumar e beber, começaram a frequentar os bares. Algumas até aprenderam a atirar.

Mas as coisas não eram bem assim quando uma mulher se casava com a máfia. As digníssimas esposas dos gângsteres como Al Capone tinham de ser discretas, caladas e dedicadas.

> *O problema das mulheres de hoje é que elas se metem em muitas coisas fora do lar. A casa e os filhos são a verdadeira felicidade de uma mulher.*

Claro, era muito conveniente para Al pensar dessa maneira. Se Mae ficava em casa, nem tinha ideia do que acontecia lá fora! A vida inteira Mae fechou os olhos para o "trabalho" do marido. Como ela disse certa vez...

> *O público tem uma ideia do meu marido, eu tenho outra.*

Al Capone e sua gangue

A ideia de Mae era fechar os olhos e não meter o bedelho. Ela cozinhava, cuidava do Sonny e ia à igreja aos domingos.

Os gângsteres queriam que suas mulheres fossem *respeitáveis*. Johnny Torrio chegava em casa todo dia às seis da tarde e esperava sua mulher, Anna, lhe trazer os chinelos. "Minha vida de casada foi uma longa e desanuviada lua de mel", dizia Anna, sem notar os elementos suspeitos que giravam em torno do seu marido.

Os gângsteres eram demônios, mas queriam que suas mulheres fossem anjos. Isso talvez os ajudasse a acreditar que, bem no fundo, eles eram sujeitos decentes.

DIÁRIO SECRETO DO AL
21 de fevereiro de 1924

Tem gente que acha que Al Capone é um mau elemento. Um desses caras que saem metralhando as pessoas por aí. Estão muito enganados! Essa gente devia vir me visitar em casa de vez em quando. A maioria das noites, o Al está de chinelos ouvindo ópera no gramofone. (Sou doido por música. A música me leva bem pertinho do céu.) Ou então estou jogando damas com Sonny, meu filho de cinco anos. (Ganhei de novo dele esta noite. Rá, rá! Seis partidas seguidas!)

Al Capone é um cara sossegado e respeitável. Pode perguntar para qualquer um. Ele não quer saber de encrenca. Está na cozinha preparando um espaguete. (Adoro espaguete, ninguém faz tão bem quanto eu.) Sabe de uma coisa? Eu até ponho avental quando cozinho. Falando sério! Eu lá vou querer sujar de molho uma camisa de seda de 12 dólares? O Natal, por exemplo: eu adoro o Natal. Sabe o que costumo fazer? Encho meu Cadillac de presentes e vou à escolinha do meu filho. Todas as crianças da escola ganham um presente do Al Capone. Os professores também. O Al é assim. Um verdadeiro Papai Noel, para dizer a verdade. Quem diz que sou da bandidagem não me conhece. Al é apenas um cara legal, respeitável, que tenta se virar. É melhor as pessoas dizerem as coisas como elas são ou então CALAR A BOCA. Senão alguém pode IR CALAR A BOCA DELAS. SACARAM?

A Grande Guerra da Cerveja

A casa nova do Al era a prova de como ele tinha subido na vida. Como braço direito de Johnny Torrio, ele ficava com a metade dos lucros da bebida clandestina — coisa de uns 12 milhões de dólares por ano na época. Torrio tinha razão: a Lei Seca era uma mina de ouro para qualquer gângster que tivesse cabeça para negócios. No início, o negócio era tão grande que dava para todo mundo. Torrio fechou um acordo pelo qual cada gangue se limitaria ao seu território. Mas não durou muito. Uma gangue cansou-se de ficar na sombra de Torrio e Capone.

Os O'Donnell da Zona Sul eram quatro irmãos irlandeses da pesada. O líder da gangue era o Spike. Spike era mais católico que o papa. O que não o impedia de assassinar quem atravessasse seu caminho. Usava gravata-borboleta de bolinhas e adorava contar piadas sujas. Sofreu dez tentativas de assassinato. Mas sempre escapava, sabe-se lá de que jeito. Como ele dizia: "Para mim, a vida é uma bala depois da outra. Já atiraram em mim e erraram tantas vezes que estou até pensando em virar alvo profissional".

O império do Al

A Grande Guerra da Cerveja estourou em 1923 entre Torrio e os perigosíssimos O'Donnell. No início foi só uma guerra de preços, como as que os supermercados travam hoje em dia.

Os O'Donnell não se limitaram a baixar os preços. Spike e seus irmãos apareciam nos bares com a arma bem à vista na cintura. Olhavam nos olhos do dono e diziam: "De agora em diante, é da gente que você vai comprar cerveja, senão...".

Todo mundo entendia perfeitamente o que o tal "senão" queria dizer. Melhor argumento de venda não existia.

Logo, logo os O'Donnell da Zona Sul estavam roubando o mercado das outras gangues. Era preciso fazer alguma coisa. Como sempre que havia encrenca da grossa, Al Capone foi convocado para resolvê-la. Primeiro os O'Donnell escaparam por pouco de uma emboscada num bar. Depois outros membros da gangue deles começaram a morrer misteriosamente. Morrie Keane e Shorty* Egan eram caminhoneiros dos O'Donnell. Estavam levando um carregamento de cerveja para Chicago quando caíram numa emboscada.

Eis o relatório do investigador Lefty Lane sobre o caso.

Al Capone e sua gangue

Caso: a sorte do Shorty
Data: 25.10.1923
Encarregado: Invest. Lefty Lane

ARQUIVO G

Shorty Egan não era meu amigo. Por isso, quando ouvi dizer que alguém o tinha mandado para o hospital, não saí correndo para comprar flores. Meu chefe queria saber quem tinha tentado apagá-lo. Essa guerra da cerveja estava começando a deixar Chicago com má fama.

Achei o Shorty na ala leste. Estava enrolado em tantas bandagens que parecia a maldição da múmia.

"E aí, Shorty?", perguntei sentando na beira da cama.

"Meio inchado. Tô muito feio?"

"Ouvi dizer que quiseram te mandar comer capim pela raiz. Não vai me contar a história?"

Os olhos do Shorty se cravaram em mim. Amáveis como os de um jacaré. Mas ele começou a falar. Acho que, como não recebia muitas visitas, ele queria ouvir o som da própria voz, só isso. "Eu e o Morrie fomos pegos por dois caras", disse. "Um alto e magro, o outro um gordinho. Amarraram a gente que nem peru e jogaram no banco de trás.

O império do Al

"Lá pelas tantas o magrelo disse pro gorducho: 'Você não vai se livrar desses otários?'. O gordo deu uma gargalhada: 'Vou cuidar deles daqui a pouquinho'. Ele não parava de brincar com a pistola. De repente apontou a arma para o Morrie e passou fogo. Um tiro de cada lado."

Os olhos de jacaré me fitaram de novo. "Morrie era um cara legal."

Sacudi a cabeça como que concordando. "E depois?"

"O gordo se virou para mim. 'Acho que tá na hora de você levar o seu também', ele disse, e me acertou no lado. Disparou de novo e me acertou na perna. Aí deu outro tiro bem no meio da minha cara. Escorreguei no chão. Então o gordo pulou no banco de trás e abriu a porta. O caminhão ia a toda, a uns oitenta por hora. Ele chutou Morrie para fora. Eu sabia que agora era a minha vez: quando ele me arrastou para a porta, eu me preparei para pular.

"Ele me empurrou, e eu fui cair numa vala na beira da estrada. Parecia que eu nunca mais ia parar de rolar. Não sei como escapei. Tremenda sorte! Quando recuperei os sentidos, saí andando pela estrada até enxergar uma luz, numa casa de fazenda. Eles chamaram a ambulância."

Acendi um cigarro. Uma enfermeira fez sinal para que eu não o incomodasse mais, mas me fiz de desentendido. A história era boa, só faltava o fim. Meu chefe queria que o Shorty desse nome aos bois. Aqueles caras o tinham levado para uma viagem sem volta, liquidado seu colega e dado o dito-cujo por morto numa vala. Shorty devia estar querendo entregá-los, não devia? O que você acha?

Al Capone e sua gangue

> Conclusão:
> Arquivado. Os dois caras que atiraram no Shorty Egan naquele dia nunca foram denunciados. É claro que o Shorty sabia quem eram, mas não ia dizer. É o código de honra da máfia. Nunca entregar ninguém aos tiras. Bandido mente, trapaceia e mata o tempo todo, mas ninguém nunca deda ninguém. A coisa ia ficar feia.

FIQUE POR DENTRO
GÂNGSTER É ASSIM

Os gângsteres podiam ser assassinos sanguinários, mas tinham suas normas de conduta. Cada gangue tinha seus costumes e tradições. Mas algumas regras como "nunca dedar alguém" faziam parte do código de honra de todo bandido que se desse ao respeito.

1. QUANDO UM COLEGA OU UM INIMIGO MORRER, NÃO FAÇA A BARBA POR DOIS OU TRÊS DIAS. BARBA POR FAZER É A MANEIRA DE UM GÂNGSTER MOSTRAR RESPEITO.

2. É FALTA DE EDUCAÇÃO MATAR O INIMIGO QUANDO ELE ESTÁ COM UMA GAROTA. ESPERE A COCOTA IR EMBORA E SÓ ENTÃO PASSE FOGO.

O império do Al

Esse código às vezes era levado a extremos. Um gângster de Chicago morreu quando estava andando a cavalo. O estribo arrebentou, ele caiu da sela e morreu pisoteado pelo animal. Quando souberam do acontecido, seus colegas pegaram o coitado do bicho na estrebaria e levaram-no ao local do acidente para executá-lo, conforme mandavam os bons costumes: cada gângster deu um tiro. "Foi pra ele aprender onde põe as patas", disseram aos donos do cavalo.

Al Capone e sua gangue

Um homem foi visto por várias testemunhas em muitas das matanças da Guerra da Cerveja. O nome dele? Al Capone. Só que ninguém quis testemunhar no tribunal.

Spike O'Donnell ficou uma fera ao ver que sua gangue estava sendo dizimada. "Eu arrebento a tapa esse tal de Capone, se ele tiver peito de vir me enfrentar no braço, que nem macho!", Spike desafiou. Mas Capone não era trouxa para estragar seus punhos de seda cara numa briga com um desafeto. Ele tinha maneiras mais eficientes de resolver suas desavenças. Pouco depois do desafio, o carro de Spike foi todo furado a bala. Pra variar, o cara escapou de novo! Ele tinha mesmo mais vidas do que gato de beco escuro. Só que dessa vez sumiu da cidade com o rabo entre as pernas. A Grande Guerra da Cerveja tinha chegado ao fim, e seu vencedor foi Al Capone.

Vote na máfia!

Em 1924, Johnny Torrio resolveu tirar férias. Os negócios iam de vento em popa, e ele sabia que Al cuidaria de tudo na sua ausência. Levou então a família inteira para passear na Itália. Turismo cultural? Não exatamente. Johnny também foi lá por outros motivos: depositar uma grana numa conta secreta, 1 milhãozinho de dólares, coisa pouca. Vai que um dia precisasse...

O império do Al

Pela primeira vez, Al estava no comando, e ansiava por deixar a sua marca. Para sua primeira conquista, escolheu Cicero, um subúrbio de Chicago, com 60 mil honestos cidadãos. Quando Al terminasse a conquista, Cicero seria o local mais criminoso e corrupto dos Estados Unidos.

Capone bolou um plano audacioso para conquistar Cicero. Ele tomaria o poder! Como? Ora, era só instalar na prefeitura uma marionete que ele manipularia como quisesse. Havia seis anos que Joseph Klenha era prefeito, mas ele temia perder a próxima eleição. Al propôs um trato a ele. Garantiria a eleição de Klenha e, em troca, o prefeito poria Cicero inteira na manzorra de Al.

Tudo foi arranjado para Cicero ter a eleição mais fraudada da história americana. Imagine as manchetes do dia seguinte.

Al Capone e sua gangue

CHICAGO URGENTE

2 de abril de 1924

MARACUTAIA!

Klenha e seus músicos talentosos

Chicago foi abalada ontem à noite pela denúncia de que gângsteres armados até os dentes ganharam uma eleição. Os opositores do prefeito eleito, Joseph Klenha, estão indignados. Dizem que a votação foi uma gigantesca maracutaia. Klenha diz que é tudo inveja dos seus adversários. "Foi uma disputa limpa, e o melhor venceu", disse aos repórteres. "Gostaria de agradecer à minha equipe eleitoral por seu apoio. São músicos talentosos."

Cidade sem lei

Os eleitores dizem que Cicero era, ontem, uma cidade sem lei. Carros pretos patrulhavam as ruas da cidade. Dentro deles, bandidos de chapéu de aba mole e metralhadora em punho. Muitos deles invadiam as seções eleitorais e ameaçavam os eleitores. Cissie Hopkins, 35, contou-nos o que aconteceu com ela: "Um homem apontou um revólver para a minha cabeça. Perguntou se eu ia votar no Klenha. Respondi que não, e ele arran-

O império do Al

cou a cédula eleitoral da minha mão e marcou ele mesmo o nome de Klenha. Foi horrível! Alguns eleitores foram jogados dentro dos carros. Nem quero imaginar que fim podem ter levado!". Mas um porta-voz de Klenha negou qualquer irregularidade. Tony "Fingers" McGann declarou que "a gente foi lá só pra orientar. É que nem todo mundo sabe direito como se vota. Tem gente que precisa de uma dica pra não votar errado".

na porta, por isso fiquei com os dois olhos roxos e quebrei o braço e três costelas."

Pflaum: acidente bobo

Muitos "acidentes" semelhantes aconteceram durante a mais violenta eleição da história. Quarenta pessoas ficaram feridas e quatro morreram. "As pessoas precisam tomar mais cuidado", disse Tony McGann.

Eleitor recebe uma dica

Mortos e feridos
Antes mesmo de a eleição começar, a tensão já estava alta. Na véspera, um dos adversários de Klenha tinha ido parar no hospital. William Pflaum nega que tenha sido espancado. "Foi um acidente bobo", garante. "Dei de cara

Entrada proibida
Numa das seções eleitorais, dez "fiscais" de metralhadora em punho cercavam o lugar. Muitos eleitores eram barrados e não puderam votar. Quando os votos foram contados, o resultado foi estarrecedor: Joseph Klenha tinha vencido por uma esmagadora maioria.

A tomada de Cicero foi um triunfo para Al. Mas um acontecimento infeliz estragou a vitória: Frank, um irmão de Al, foi morto a tiros pela polícia. Como sempre, os tiras alegaram que agiram em legítima defesa, porque o irmão de Capone teria puxado a arma...

De coração partido, Al não se barbeou até depois do enterro. Como sinal de respeito, mandou todos os bares da "sua" cidade fecharem por duas horas. Foi a única vez na história que o povo de Cicero ficou sem molhar a goela!

Quanto ao Joseph Klenha, conseguiu o que queria: era prefeito de Cicero. Mas não entendeu que não passava de uma marionete do Al. Logo, logo quis criar asas e deu de ignorar as ordens recebidas. Klenha até se atreveu a dizer que ia expulsar os gângsteres da cidade. Prefeito ou não, Al resolveu que estava na hora de dar uma lição naquele metido. Foi até a prefeitura e chamou Klenha para fora. Klenha saiu, mas levou um policial para protegê-lo. Al nem pestanejou: deu um murro nas fuças do Klenha, que rolou escadaria abaixo. Adivinhe o que o policial fez: puxou a arma? prendeu Capone? Nada disso! Saiu assobiando pela rua, olhando para a calçada do lado de lá. Klenha aprendeu a lição. O verdadeiro prefeito de Cicero era Capone, e não ele.

Nadando em dinheiro

Quando Torrio voltou da Itália, encontrou as coisas mudadas. Al tinha experimentado o gosto do poder — e era um gosto muito bom. Mais ainda, os caras que trabalhavam para o Al gostavam dele. Veja, por exemplo, o seu motorista pessoal.

Más notícias

Só um homem em Cicero ofereceu resistência a Capone. Seu nome era Robert St. John. St. John era o mais jovem redator-chefe dos Estados Unidos. Era coproprietário do jornal *Cicero Tribune*. Ele teve a coragem — ou a burrice — de falar mal de Al Capone. Al resolveu que precisava se livrar do jornalista de uma maneira ou de outra.

DIÁRIO SECRETO DO AL

Segunda-feira, 11 de abril de 1924

Outra reportagem mentirosa no Tribune. O cara que fez isso passou dos limites. Diz que o Al é um gângster imundo e que está metido até aqui com a extorsão. Imundo, eu? Um cara que põe uma camisa limpa todo santo dia?
Mandei um recado para esse jornalista, o tal de St. John. Disse que estava chateado com ele. Ele respondeu que também estava chateado comigo — por eu não sumir da cidade. O cara me tirou do sério, devo confessar. E se um cara se nega a resolver as coisas amistosamente, eu lhe mostro como é que se resolve na base da ignorância.

Quarta-feira, 12 de abril de 1924

Ralph e a rapaziada foram dar o meu recado ao St. John. Levaram as armas deles, e uma barra de sabão enfiada numa meia.[2] Ele nunca mais ia chamar ninguém de sujo. Ralph diz que ele entendeu o recado direitinho, depois de uma semana de hospital.

2. Para quem sabe usar, uma barra de sabão enfiada numa meia mata uma pessoa sem deixar marcas.

O império do Al

Quinta-feira, 20 de abril de 1924

Dei um pulo ao hospital para pagar a conta do St. John. Eu sei que tenho um coração mole. Mas o que posso fazer? Sou assim, ora! Não gosto de chutar cachorro morto. Se o tal do St. John quiser fazer as pazes, faço na hora. Recebi um telefonema do chefe de polícia. Ele disse que o St. John quer processar Ralph e os meninos. Dá pra acreditar? Que cabeça-dura, esse cara!

Sexta-feira, 21 de abril de 1924

O St. John saiu do hospital. Vocês deviam ver a cara dele quando entrou na sala do chefe de polícia. Não esperava encontrar o Al Capone lá. Estendi a mão.

"Você faz uma ideia errada de mim", falei. "É claro que estou metido com extorsão. Todo mundo está. Só que eu não faço mal a ninguém. Principalmente a jornalistas. Você está fazendo propaganda minha de graça. Seus rapazes escrevem um monte de histórias e põem bem na primeira página. Publicidade grátis! Por que eu estaria bravo com você?"

Al Capone e sua gangue

> St. John ouviu, mas não engoliu.
>
> "Agora, essa história entre o Ralph e você", falei, "foi chata. Não era pra acontecer. Eu disse pra eles: 'Deixem o garoto em paz'. Mas eles encheram a cara e se esqueceram do que eu disse. Erraram, e agora eu faço questão de reparar o erro."
>
> Enquanto falava, puxei do bolso um montão de dinheiro. Comecei a contar as notas de cem. Quatro, cinco, seis, sete. St. John não tirava os olhos das notas na minha mão. Achei que ele ia aceitar. Então, sem mais nem menos, ele saiu batendo a porta. Me diga francamente: já viu cara mais tapado? Você faz tudo para dar uma força ao cara, MAS ELE SE RECUSA A SER AJUDADO!

Como sempre, Al riu por último. Enquanto St. John estava (de novo) no hospital, Al comprou o *Cicero Tribune*. Não, não foi um exemplar que ele comprou no jornaleiro: ele comprou o jornal mesmo! Como conseguiu? Simples: falsificando a assinatura de St. John, ora! Dessa vez, o jornalista teve de se dar por vencido. Saiu da cidade e foi editar outro jornal num lugar mais seguro.

O império do Al

FIQUE POR DENTRO
OS NEGÓCIOS DA MÁFIA

Como é que um bandido como Al Capone virou um milionário que presenteava os amigos com cintos com fivela de diamante? Bebida e jogo eram seu negócio principal. Mas não eram tudo. Capone logo percebeu que a extorsão era um meio mais rápido de enriquecer. Como é que funcionava essa indústria que os americanos chamam de *racket*? Havia diferentes tipos de extorsão, porém o mais simples e mais eficiente era vender proteção.

Al Capone e sua gangue

Na década de 20, havia em Chicago mais de duzentos *rackets*, que usavam sindicatos e associações de negócios comandados pelo crime organizado. Até os ascensoristas tinham o seu esquema de extorsão, via sindicato: se um hotel ou edifício se recusava a pagar, os elevadores simplesmente paravam, e centenas de pessoas tinham de subir a pé as escadas do arranha-céu.

A maioria das associações de *racket* tinha nomes pomposos. Quanto maior o nome, mais barra-pesada era o *racket*.

NOME	TRADUÇÃO
IRMANDADE DAS SERVIDORAS DE REFRIGERANTE E ATENDENTES DE MESA	GARÇONETES
ASSOCIAÇÃO DOS ENTREGADORES DE PÃES, BISCOITOS, FERMENTO E TORTAS	MOTORISTAS DE CAMINHÃO
OS SECIONADORES DE ANIMAIS COMESTÍVEIS	AÇOUGUEIROS
SINDICATO DOS PORTEIROS E LANTERNINHAS DE TEATRO	MENINOS QUE RECEBIAM OS INGRESSOS NOS JOGOS DE BEISEBOL
OS VENDEDORES AMBULANTES DE GULOSEIMAS REFRIGERADAS	SORVETEIROS
ASSOCIAÇÃO DOS NEGOCIANTES DE CONFEITOS	DOCEIROS

O império do Al

Um dos negócios prediletos do Al era a corrida de cachorros. O bacana desse negócio era que o resultado da corrida era decidido previamente. O truque era simples: bastava você dar a sete dos oito cachorros uma boa dose extra de ração antes da corrida. O cachorro faminto vencia a corrida, enquanto os outros, de bucho cheio, vinham se arrastando atrás.

Al embolsava a grana dos trouxas que apostavam nas suas corridas fraudadas. Mas ele próprio dizia que foi em 1928 que sua hora chegou. Nesse ano, os motoristas que entregavam o *Chicago Tribune* iam entrar em greve. Adivinhe quem era a única pessoa em Chicago capaz de "desconvocar" a greve.

PARTE 2: O REINADO DE AL CAPONE

COROANDO CAPONE
Funerais, flores e ternos

Em 1924, Al Capone era a estrela em ascensão na gangue de Torrio. Estava crescendo, mas ainda caminhava na sombra do Little Johnny. Um ano depois ia se tornar o maior gângster de Chicago. Como conseguiu?

Havia dois chefões em Chicago. Um era Little Johnny Torrio. O outro era um irlandês chamado Dion O'Banion. Perto deles, as outras gangues eram fichinha.

A sorte sorriu para Al quando Torrio e O'Banion entraram em guerra.

Al Capone e sua gangue

O'Banion O'Doido

O'Banion era um gângster fora do comum. Mancava, porque tinha uma perna dez centímetros mais curta que a outra. E ninguém se atrevia a tirar sarro da cara dele: ele andava com três revólveres e atirava com as duas mãos. Adivinhe do que ele mais gostava: mulheres? carrões? diamantes? Nada disso: flores!

Um chefão do crime que faz arranjos florais nas horas vagas? Mas como é que se enfeitam os funerais, hein? Pois é, quando um gângster famoso morria, todas as gangues de Chicago mandavam flores. Como Dion tinha a sua floricultura, cada florzinha no velório do cara era uma moeda no cofrinho de Dion.

O'Banion fazia parte do sindicato dos chefes de gangue, organizado por Johnny Torrio. Torrio dizia que havia negócio para todo mundo. (Só de cerveja se vendiam 30 milhões de dólares por mês em Chicago!) O argumento de Torrio era sensato, mas sensatez era o tipo de coisa que O'Banion não tinha. Ele era completamente pirado.

Olhe algumas histórias que contavam sobre ele:
1. Quando estava na escola, Dion era um demônio. Tinha de ser o melhor em tudo. Quando seus colegas resolveram andar de perna de pau, Dion arranjou uma perna de pau

Coroando Capone

muito mais alta que as outras. Ganhou a admiração de todos — e um braço quebrado, quando caiu lá de cima.
2. Um dia de verão, Dion estava na sua cervejaria clandestina. Viu dois policiais do outro lado da rua. Em vez de se esconder, berrou para os tiras: "Ei, tá muito quente aí! Venham tomar uma cervejinha gelada e trocar uma ideia!".
3. Outra vez, O'Banion e sua gangue foram arrombar uma caixa-forte. Teriam escapado tranquilamente, se um vigia não os tivesse descoberto. E sabe como descobriu? Eram três da matina, e o bando estava empoleirado em cima da lixeira cantando a plenos pulmões. A maioria dos assaltantes some em silêncio do local do crime, mas O'Banion O'Doido não!

É claro que um piradão como O'Banion ia acabar se tornando, mais cedo ou mais tarde, uma pedra no caminho das outras gangues. Por falar em outras gangues, os Genna eram outro bando do sindicato do crime de Torrio e Capone. Os Genna eram uns irmãos sicilianos, de cabelos negros, olhos negros e barba (negra) cerrada, como todo bandido siciliano que se preza. Tinham nomes delicados, como Bloody Angelo e Mike the Devil, ou seja: Angelo, o Sanguinário, e Mike, o Demônio.

Os Genna odiavam O'Banion, que odiava os Genna. Al Capone teria de fazer milagres para impedir que uns se atirassem no pescoço dos outros. Só que ele talvez não estivesse muito a fim de bancar o santo milagreiro...

DIÁRIO SECRETO DO AL

4 de novembro de 1924

Dion tem de cair fora. No começo até que estava indo bem, mas agora ele está com o olho maior que a barriga e tem passado a mão em alguns dos nossos negócios em Chicago. Qual é a dele? Ele está melando tudo. Onde a gente paga duzentos paus para um tira, ele paga mil. Assim não dá! É de tirar qualquer um do sério!

O Dion é doido. Só faz inimigos. E os sicilianos odeiam o cara mais que o diabo odeia a cruz. Bom, e o que é que eu posso fazer? Sei que é uma vergonha, mas eles não ouvem mais o que eu digo...

Umas semanas atrás, o Dion roubou uma carga de uísque dos Genna. E ontem à noite fez até pior: insultou o Angelo Genna. Pode? A gente estava dividindo a féria da semana, e muito por acaso contei que o Angelo tinha perdido uma nota preta na roleta a semana passada. Deixou

Coroando Capone

> uma promissória de 30 mil para cobrir o rombo. "O que é que vocês acham? Rasgamos a promissória?", perguntei. "Somos gente fina. Vamos fazer como manda a etiqueta?" Todo mundo concordou, menos o Dion. Só olhou para mim, fulo da vida. Em seguida, correu para o telefone e ligou para o Angelo. Ouvi-o dizer que queria a grana no fim de semana. Isso é o pior insulto que se pode fazer a um gângster, e insulto é coisa que Bloody Angelo não perdoa. É... logo, logo vai ter velório.
> Deu pra me entender?

Al tinha razão. Poucas semanas depois, Dion O'Banion foi morto. Al leu isso numa bola de cristal, ou estava envolvido no crime? A polícia nunca encontrou os assassinos. De quem você desconfia?

ARQUIVO G

Caso: Flores para O'Banion
Data: 10 de novembro de 1924
Encarregado: Invest. Lefty Lane

Dion sempre gostou de rosas. Por isso achei simpático vê-lo caído numa vidraça cheia delas. Sua boca estava aberta. Seus olhos, vidrados. Tinha seis balas no corpo. Eu diria que estava morto.

Dion morreu na sua floricultura. Vai ver que

era assim mesmo que ele queria morrer. Mas me deixou uma tremenda dor de cabeça. É que o meu chefe queria saber quem o despachou. E eu tinha uma lista de suspeitos comprida como um domingão chuvoso.

Vasculhei a floricultura em busca de uma pista. Encontrei o empregado sentado nos fundos da loja. Um negro magrelo chamado Bill. Bill não se lembrava de grande coisa. Molhei a mão dele com cinco dólares, o que logo lhe avivou a memória.

Parece que o Dion chegou por volta das 10h30. Disse que o dia ia ser movimentado. Tinha um grande funeral na quinta. Lá pelas 11h30 três caras entraram na loja para fazer uma encomenda das grandes. Bill estava varrendo o chão.

"Você se lembra deles?", perguntei.

"Mais ou menos."

Tirei da carteira outra nota de cinco.

"Dois baixinhos", disse Bill. "Cabelo preto, olho preto."

"Italianos?"

"Pareciam."

Ele arreganhou os dentes e estendeu a mão. (O cara sabia como arrancar grana dos outros.)

"O terceiro era mais alto. Um cara elegante."

Bill ouviu os tiros quando estava nos fundos da loja. Quando voltou correndo, os assassinos já estavam na rua. Viu os três pularem no carro. Quando arrancaram em direção à Zona Leste, seis carros apareceram na esquina, parando o trânsito. Quem planejou o trabalho previu tudo direitinho.

Coroando Capone

Convoquei ao distrito os suspeitos de sempre. Lembram do Frankie Yale, o velho amigo nova-iorquino do Capone? Pegamos o cara embarcando num trem de volta para Nova York com um revólver no bolso. Claro, ele tinha uma história prontinha, como todos os outros.

① Scarface Capone — estava em casa com a família
② Johnny Torrio — diz que ele e Dion eram amigos do peito
③ Frankie Yale — diz que estava almoçando com um colega

Engraçado. O colega com quem Yale disse que estava almoçando era um cara da gangue dos Genna. Coincidência? O mundo está cheio delas, não está?

Quem você acha que matou Dion O'Banion?

Conclusão:
Frankie Yale. Acho que os dois outros eram do bando dos Genna. Bloody Angelo estava vingado. Yale ganhou uma grana. Capone se livrou de um encrenqueiro. Todo mundo estava contente. Quer dizer, todo mundo menos o Dion.

Al Capone e sua gangue

CHICAGO URGENTE

14 de novembro de 1924

COROAS PARA O REI DAS FLORES

Chicago parou hoje, em sinal de respeito a um dos principais gângsteres da cidade. Dez mil pessoas saíram às ruas para assistir aos funerais de Dion O'Banion. Foram necessários 26 carros e caminhões para levar as flores do seu velório.

Curiosos observavam, dos telhados e das janelas dos escritórios, o séquito de um quilômetro e meio passar. O gângster, qualificado de "arquicriminoso" pelo chefe de polícia de Chicago, teve uma guarda de honra formada por agentes da própria polícia! A polícia montada teve de abrir caminho para que o cortejo pudesse avançar por entre a multidão.

Durante três dias o corpo de Dion foi exposto num caixão de prata maciça, com anjos na cabeceira e nos pés. Dez castiçais de ouro maciço iluminavam a sala com sua luz tênue. O perfume de milhares de flores enchia o ar. "Foi uma das coisas mais enjoativas que já vi em Chicago", disse um juiz do tribunal.

Amigos do peito

O caixão foi carregado pelos homens mais procurados do submundo — Hymie* Weiss,

Bugs* Moran, Schemer Drucci e Frank Gusenberg. Fechando a marcha, os "amigos do peito", entre os quais Johnny Torrio e Al Capone. De barba por fazer, este último confidenciou aos repórteres: "Estou arrasado. Quem pode ter feito uma coisa tão horrível?".

Ameaça de vendeta
Louis Alterie, o "Duas Armas", amigo próximo do falecido, declarou entre lágrimas: "Não tenho a menor ideia de quem matou Dion, mas morreria sorrindo se tivesse a sorte de encontrar os responsáveis — não importa quando nem onde".

O'Banion pode estar morto, mas não parece que vai descansar em paz.

Revista à saída do velório

A guerra das gangues

Capone e Torrio ficaram felizes por estarem livres de Dion. Mas o assassinato do gângster florista não acendeu o cachimbo da paz; acendeu, isto sim, o estopim de uma guerra entre as gangues. O acordo segundo o qual as gangues trabalhariam lado a lado e dividiriam os resultados havia chegado ao fim. Daquele dia em diante, Al teve de redobrar os cuidados com a sua segurança. Nos seis anos seguintes, escapou de nada menos que uma dúzia de atentados.

A gangue de O'Banion passou a ser chefiada por Hymie Weiss, cujo nome verdadeiro era Earl Wajaciechowski. Como quase nenhum gângster conseguia dizer o nome dele sem torcer a língua — "e aí, Wajaciechowski?" —, passaram a tratá-lo de Hymie. O braço direito de Weiss era Bugs Moran. Bugs e Hymie juraram vingar-se dos assassinos de O'Banion. Torrio e Capone eram os primeiros da lista.

Al Capone e sua gangue

Torrio não gostava nem um pouco de ser uma espécie de alvo móvel. Sentiu de repente que estava na hora de tirar férias. Al continuou dando seus rolés, e quase pagou caro por isso. Poucos meses depois, sofreu uma emboscada. O carro dele foi metralhado na porta de um restaurante, da ponta do capô ao cano de escapamento. Por sorte, Al não estava dentro. Mas era um aviso. Al percebeu que precisava de proteção. E, como sempre, quis uma proteção que fosse maior e melhor do que a que qualquer outro já teve.

FIQUE POR DENTRO
COMO CONTINUAR VIVO

A maioria dos grandes gângsteres só circulava com um par de gorilas por perto. Não desses que você vê no zoológico, claro: os gorilas deles eram seus guarda-costas. Depois do assassinato de O'Banion, Al Capone ficou meio nervoso. Precisava de mais que um simples par de macacos com seus estojos de violino. Precisava de uma proteção *de verdade*. Eis suas principais dicas para continuar vivo:

1. "Dois é bom, mas oito é mais seguro."

Al nunca ia sozinho a lugar nenhum, só andava rodeado por seus guarda-costas. Até para atravessar a rua, os gorilas não desgrudavam dele. E eram escolhidos a dedo: tinham de ser uns armários, altos e corpulentos, de modo que as balas não os varassem e ferissem o chefe. Tiroteio era o tipo de coisa com que Al não se incomodava, desde que as balas não acertassem nele, claro.

78

Coroando Capone

2. "Não sente perto de estranhos."
Nas boates, nenhum desconhecido podia sentar-se a uma mesa próxima da de Al. Na ópera, idem. Se Al fosse a algum espetáculo, seus guarda-costas sentavam-se à sua esquerda, à sua direita, na frente e atrás. Sentar-se atrás deles era muito azar.

3. "Nunca chegue na hora."
Al nunca chegava na hora aos seus compromissos. Não que ele fosse contra a pontualidade, mas porque era perigoso. Se um inimigo souber a hora e o lugar do encontro, pode mandar você pontualmente para o inferno. Al tornou-se imprevisível. Se tinha um encontro marcado para as quatro, no último minuto mandava um mensageiro mudar a hora e o lugar.

4. "Tudo à prova de bala."
Nem na sala do seu QG Al sentia-se a salvo. Temia que um pistoleiro driblasse a vigilância dos gorilas e o acertasse pelas costas. Para proteger o lombo, mandou fazer uma poltrona especial: tinha nas costas uma blindagem alta e reforçada, que faria as balas ricochetearem.

Al Capone e sua gangue

5. "Seja um corujão."
Para a maioria das pessoas, a noite serve para dormir. Para Al, não. Era de noite que ele saía para trabalhar. Achava que era muito mais seguro movimentar-se no escuro, protegido pelas trevas.

6. "Carro, só blindado."
O carro do Al era de causar inveja ao James Bond. Tinha tanto acessório que pesava quase o mesmo que um tanque de guerra. Era uma limusine Cadillac, feita sob encomenda, que lhe custou a bagatela de 30 mil dólares.

Coroando Capone

Mesmo quando ia dar uma simples saidinha, Al pegava o carro blindado. Um batedor de moto ia na frente, verificando se a barra estava limpa, e um carro lotado de atiradores de elite ia atrás.

Era mais fácil matar o presidente dos Estados Unidos do que acertar Al Capone. Nem por isso pararam de tentar. Quando Al quis fazer um seguro de vida, em 1925, nenhuma seguradora se dispôs a lhe vender uma apólice. Nada mais natural. Afinal, a maioria dos gângsteres acabava virando presunto mais cedo ou mais tarde. Geralmente mais cedo. Aliás, o próximo chefão que teria um flerte com a morte seria Little Johnny Torrio.

Al Capone e sua gangue

Torrio com alho

Johnny Torrio estava tremendo nos seus sapatinhos. Ele sabia que Hymie Weiss estava a fim de acabar com ele, por isso bolou um plano mirabolante. Qual era o lugar onde ele estaria mais a salvo de Hymie Weiss? Na cadeia, é claro. Assim, no dia 23 de janeiro de 1925, Torrio tomou uma atitude inusitada para um gângster: declarou-se culpado de um crime!

Ele tinha sido pego numa batida que a polícia deu numa cervejaria. Torrio imaginou que passaria uns meses a salvo numa prisão, enquanto Al Capone cuidava do Hymie Weiss.

Era um plano genial, só que não levava em conta uma coisinha: Weiss não era de ficar esperando sentado. O resultado foi que, antes de o julgamento chegar a um veredicto, Torrio foi acertado na porta de casa por Weiss e Bugs Moran. Levou chumbo na cara, nos braços, em todo o corpo, mas chegou vivo ao hospital. Quando viu Capone aparecer em prantos à sua cabeceira, Torrio achou que estava com os dois pés na cova.

O que mais o chateava, porém, é que seus assassinos tinham usado a receita siciliana para matá-lo. Você já deve conhecê-la, mas é sempre bom lembrar:

Coroando Capone

Por que o alho? Não era para espantar vampiro. É que os gângsteres acreditavam que bala esfregada com alho dava gangrena. Ou seja, se a vítima não morresse com os tiros, morreria de infecção.

Torrio estava convencido de que as balas com alho iam acabar com ele. Tinha razão? Claro que não tinha, aquela história era pura superstição! Alho causava tanta infecção quanto esfregar jiló num arranhão.

O incrível é que Torrio sobreviveu a todos aqueles ferimentos. O baixinho era resistente! Semanas depois, apareceu no tribunal, pálido e fraco. O juiz o condenou a nove meses de prisão. Mas mesmo em cana Torrio não se sentia seguro. Mandou instalar uns anteparos blindados na sua cela e pagou uma guarda extra, para patrulhar o corredor.

Little Johnny sobreviveu, mas perdeu o ânimo. Vida de gângster era arriscada demais. Ele decidiu se aposentar. Sábia decisão! Torrio viveu até os 75 anos, idade avançadíssima para um gângster.

Pouco depois, foi a vez de Hymie Weiss. Quando estava atravessando a rua, alguém atirou nele do alto de uma janela.

Al Capone e sua gangue

Al não fazia a menor ideia de quem tinha feito o serviço, claro. Mas, por uma feliz coincidência, com Hymie eram três os chefões de Chicago fora de circulação. Adivinhe quem sobrou?

Torrio passou seu império do crime para Al Capone. Isso queria dizer que a maior parte de Chicago era controlada agora por um só homem. Gangue era o que não faltava na cidade, mas a maioria delas fazia parte do sindicato do Al — em outras palavras, obedeciam às ordens dele.

Dê uma olhada neste mapa de Chicago em 1925. Mostra a cidade dividida em territórios controlados pelas gangues. O que você percebe em relação à gangue do Al?

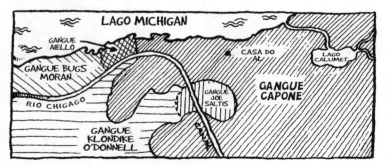

Coroando Capone

FIQUE POR DENTRO
MODA GÂNGSTER

Al estava ficando famoso. Na primeira vez que seu nome apareceu num jornal, saiu como Alfred Caponi. Mas agora todo mundo em Chicago sabia quem era Al Capone, e não demorou muito para o resto do mundo saber também. E não era só porque Al Capone era inescrupuloso e bem-sucedido. É que ele tinha algo que os outros gângsteres não tinham. Resumindo: ele tinha *estilo.*

Antes de Al, os gângsteres eram bandidos que se movimentavam nas sombras. Por que gostavam tanto da escuridão? Porque eram um desastre em matéria de aparência, só isso! Os gângsteres à moda antiga pareciam uns meliantes baratos. Assalto e chantagem eram seu ramo de atuação. Não davam muita bola para roupas, porque não queriam ser notados. Al era diferente: queria que todo mundo prestasse atenção na sua pessoa. E como ele adorava vestir ternos verdes, cor de chocolate ou de tangerina, era difícil não prestar.

Al tinha classe, estilo pessoal e grana à beça para gastar. Só usava camisa de seda, com as iniciais AC bordadas nas mangas e no colarinho. No dedo, um anel de diamante de 50 mil dólares.

Al Capone e sua gangue

Al criou sozinho o novo *look* dos gângsteres, e fazia questão de que todos os seus rapazes se vestissem como ele. Como um deles declarou:

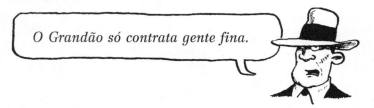

O Grandão só contrata gente fina.

Os rapazes do Al tinham de se vestir bem, dizer "senhor" e malhar duas vezes por semana, para manter a forma.

Coroando Capone

Al tinha classe, tinha estilo, tinha dinheiro. Tinha chegado ao topo. As pessoas já nem sentiam certo mal-estar ao mencionar seu nome. Quanto aos gângsteres, só se referiam a ele como "Grandão". Não que ele fosse tão alto assim: Grandão na língua da bandidagem queria apenas dizer que Al era o número um, o maioral da cidade. Afinal, não tinha sobrado ninguém para desafiá-lo. Al era o rei de Chicago, mas quanto tempo iria ficar no trono?

CAPONE GENTE BOA
Diversão, fama e cachimbo da paz

Se nos anos 20 houvesse programas de entrevistas na TV, Al teria sido o primeiro convidado.

Al também tinha algo que todos os gângsteres tentaram copiar. Era conhecido como "o Olhar". O Olhar era um olhar silencioso, fulminante. Ele se cravava na vítima até ela ficar tão apavorada que fazia tudo o que Al queria. O truque estava em inchar os músculos do pescoço e apertar os olhos num olhar fixo, sem piscar. O Olhar dizia: "Não banque o besta comigo, cara, faça o que eu estou dizendo antes que eu tenha de dar um trato em você". Os jovens gângsteres costumavam passar horas na frente do espelho treinando o Olhar. (Experimente o Olhar no seu pai ou na sua mãe, para ver se funciona.)

Al Capone e sua gangue

Al não precisava praticar o Olhar. Com seu corpanzil, seu pescoço grosso e seus olhos frios, aquele era seu olhar natural. Como disse uma testemunha, Al podia parecer ameaçador até dizendo um amável "por favor". Uma repórter que entrevistou Al ficou hipnotizada (e olhem que o Al não usou o Olhar):

> *Capone tinha olhos de gângster de romance policial barato. Cinza-gelo. Olhos gelados. Eu sentia a ameaça que havia neles. Arrepiantes como os de um tigre.*

Claro, os leitores devoravam essas reportagens eletrizantes. Os jornais não davam conta da curiosidade sobre Al. Ele ficou famoso da noite para o dia. Agora, já não era apenas um bandido a mais, ele era Al Capone, o Manda-Chuva. Todos os jornais queriam histórias de Capone, e Al tinha o maior prazer em satisfazê-los.

Al não era como os outros gângsteres. A maioria dos criminosos procurava não aparecer. Afinal, matar gente é o tipo do trabalho que não pede muita publicidade. Mas Al adorava os holofotes. Nenhum outro gângster ficou tão fa-

Capone Gente Boa

moso porque nenhum nunca, como dizem os marqueteiros, se expôs tanto quanto o Al.

Quem o persuadiu a se tornar uma celebridade foi um jornalista chamado Harry Read. Harry era editor do *Chicago Evening American*. Ele disse ao Capone: "Al, você é uma figura pública agora. Por que agir como um meliantezinho qualquer? Saia da toca. Seja bacana com as pessoas".

Até então, Al sempre ficava tímido diante de uma câmera. Nas primeiras fotos da imprensa, saiu assim:

Mas com sua nova política de "ser bacana", Al começou a posar para os fotógrafos.

Em particular, Al era implacável, mas em público era um doce — quando estava com vontade de ser.

Al, o esportista

Além de conversar com os repórteres, Al tratou de sair mais da toca. Adorava esportes. Começou então a aparecer em partidas de beisebol e lutas de boxe. Claro, seus guarda-costas sempre iam com ele. (O esporte favorito deles era tiro ao alvo.) Al não era propriamente um grande atleta. Quase não fazia exercícios, mesmo porque passava a maior parte da vida entocado. Você podia achar que de roupa de banho ele era meio, digamos, gordinho... Achar você podia, mas era melhor não falar nada para ninguém.

Mas Al gostava de praticar esportes. E se não era nenhum craque, sempre podia trapacear.

Dê uma olhada no seu álbum de esportes. Você vai ficar surpreso.

BEISEBOL

Al era fã de beisebol. Seu time era o Chicago Cubs, ele sempre assistia às partidas disputadas no estádio dos Cubs. Uma vez Gabby Hartnett, a estrela do time, autografou uma bola para o filho de Capone, Sonny. Mas foi mesmo para o Sonny que ele deu a bola? Há uma célebre fotografia de Hartnett conversando com Al e Sonny.

Só que o rapaz que aparece na foto ao lado de Capone não é o Sonny. Al não queria correr o risco de levar seu adorado filho a uma partida de beisebol, com 30 mil torcedores no estádio. Então arranjou um dublê do Sonny, um rapaz chamado Sam Pontarelli. E o coitado do Sonny estava onde? A salvo em casa com sua mãe! Ser filho do maior gângster de Chicago tinha os seus inconvenientes.

BOXE

O boxe empolgava os gângsteres por razões óbvias. Era simples, violento e, em geral, alguém acabava mordendo a lona. Melhor ainda: era ilegal em algumas partes dos EUA. Que mais Al podia querer de um esporte? O boxe fazia parte do submundo da bandidagem. Um boxeador de Chicago, Barney Ross, escreveu que os maiores fãs do boxe eram "os gângsteres, de um lado, e a alta sociedade, de outro. Quando eles se encontravam nos ginásios... se entendiam às mil maravilhas. Só que o pessoal da alta às vezes ficava bêbado e inconveniente, enquanto os gângsteres sempre se comportavam como cavalheiros."

Naturalmente, Al adorava fazer umas apostinhas. E, naturalmente, gostava de ganhá-las. Portanto, sempre apelava para um empresário do boxe chamado Joe Glaser. Joe era um empresário tão bom que era capaz de prever o futuro, tanto que soprava ao Al quem ia vencer a luta e até em que round ia ser o nocaute! Bem, na verdade não é que ele fosse adivinho, é que as lutas de boxe patrocinadas pelos gângsteres eram pura armação. O resultado era combinado antes da luta. É por isso que o Al ganhava sempre.

NATAÇÃO

Al tinha uma piscina em casa e gostava de convidar os amigos para dar um mergulho. Mas às vezes o mergulho trazia surpresas desagradáveis. Uma noite, Al deu uma festa em sua casa para os cronistas esportivos. A esposa de um jornalista resolveu nadar. Foi ao vestiário feminino e sentou num banco de lona para tirar os sapatos. Deu um grito e levantou: uma coisa pontuda tinha lhe

Capone Gente Boa

espetado o bumbum. Ao espiar o que era, quase morreu de susto. Ouvindo seus gritos, os capangas de Capone correram até lá. O que havia debaixo do banco? Nada, só um arsenal de metralhadoras, revólveres e escopetas.

GOLFE

Al gostava de jogar golfe, mas não era nenhum Tiger Woods. Seu *caddie*, isto é, o carinha que carrega os tacos, um garoto de doze anos chamado Tim Sullivan (já vamos voltar a falar dele), conta: "Ele até conseguia atirar a bola a mil metros de distância, mas sempre na direção errada, de modo que ela nunca se aproximava do buraco".

Al e seus amigos não jogavam golfe como os outros. Eles levavam suas garrafas e bebiam o tempo todo. Pode acreditar que não era refresco o que tinha na garrafa. Quando chegavam ao nono buraco, mal enxergavam a bola. De olhos tortos, rindo às gargalhadas, eles abriam rombos no gramado, do tamanho de uma cova rasa. Às vezes faziam uma pausa para pular carniça ou se engalfinhar no chão.

Al Capone e sua gangue

Al deu a sua contribuição ao golfe. A chamada "tacada cega". A regra era simples:

1. DEITE-SE DE COSTAS NO CHÃO.

2. FIQUE COM A CARA BEM PARA CIMA.

3. EQUILIBRE UMA BOLA DE GOLFE NO QUEIXO.

4. FECHE OS OLHOS E REZE, ENQUANTO SEU PARCEIRO DÁ A TACADA.

Quando o queixo do Al era o pino da vez, seus amigos deixavam de lado os tacos pesados. Usavam o *putter* e davam a tacada com todo o cuidado. Uma vez, Al levou um tiro durante o percurso. Um pistoleiro finalmente o acertou? Nada disso. Ele ia levantando sua taqueira, quando o revólver que estava dentro disparou. Al berrou de dor. Tinha acertado a própria perna!

Jogar golfe com o Al nunca era monótono. Tim Sullivan, seu jovem *caddie*, contava um monte de histórias de arrepiar...

"Uma partida de golfe com o Al"

Al costumava organizar partidas de golfe com seus comparsas. Uma vez eu estava carregando os tacos do Greasy Thumb* Guzik. No sexto buraco, ele jogou a bola num banco de areia. Sugeri um taco para tirá-la dali, um *club*. Mancada minha. Greasy Thumb pegou o *club* e deu a tacada. Quando a bola rolou de volta para a areia, ele me fuzilou com um olhar de nojo. Deu nova tacada. Mesmo resultado. Da terceira vez, a mesma coisa. Aí ele ficou louco. Agarrou um *driver*, que é um taco pesado, e partiu pra cima de mim, berrando todo tipo de palavrão que você pode imaginar.

Saí correndo em zigue-zague pelo percurso. Ainda bem que ele era gordo e lerdo demais para me alcançar, senão acho que teria me matado. Finalmente parou, sem fôlego, partiu o taco no joelho e atirou os pedaços em mim.

No dia seguinte, Al estava lá, esperando o Greasy Thumb. "Que negócio é esse de ameaçar o garoto daquele jeito?", berrou ao vê-lo. Greasy resmungou uma desculpa qualquer. Al lembrou-lhe que não

tinha me dado gorjeta na véspera. Vocês podem imaginar com que prazer o Greasy engoliu essa! Rangendo os dentes de ódio, tirou a carteira do bolso e me deu um miserável dólar. Al arrancou a carteira da mão dele, tirou fora vinte dólares e me deu. Depois jogou a carteira nos pés do Greasy. O gordo pegou-a e se mandou sem abrir o bico.

Nunca vou me esquecer da maneira como Al me defendeu naquele dia. Depois disso, comecei a dar uma mãozinha em suas jogadas. Passei a levar sempre umas bolas extras no bolso. Quando Al perdia uma bola, eu punha uma perto do lugar em que a outra tinha sumido e dizia que a tinha encontrado. Ele logo percebeu a mutreta. Deu uma piscada para mim e me disse: "Você é um garoto legal".

Milhões de vezes obrigado

Al podia jogar quando bem entendesse. Em meados da década de 20, ele estava numa situação pra lá de confortável. Quão confortável? Bem, pense no seguinte. Em 1928, seus "negócios" no ramo da bebida e da jogatina rendiam-lhe em torno de 100 mil por ano. Só? Menos que uma Ferrari? Opa, estamos falando dos anos 20. Hoje seria algo entre 3 e 4 milhões. De dólares. Nada mau, hein?

Conta-se que, numa festa, ele foi ao toalete e jogou no chão umas tantas notas de vinte dólares, como se fossem dessas moedinhas que a gente nem se abaixa para pegar quando caem do bolso. O faxineiro que catou as notas até suspirou:

Al, o pacificador

Pois é, as coisas estavam indo bem para o Al. Ele era rico, famoso e estava curtindo a vida adoidado. Havia apenas uma nuvenzinha no horizonte: o perigo de que alguém tentasse assassiná-lo. Al estava cheio daquela matança entre as gangues. Até porque o próximo podia ser ele. Queria viver em paz. Falando sério, queria mesmo!

Teve uma ideia brilhante: convocar uma conferência de paz entre as gangues. Será que ele tinha pirado? Gângster participar de uma conferência de paz parece mais improvável do que vampiro virar doador de sangue. Mas Al achava que era capaz de fazer seus inimigos tomarem juízo.

Nove dias depois da morte de Hymie Weiss, Capone convocou a sua cúpula da paz. Os jornais chamaram-na de "O conselho dos barões do crime". Quem foi convidado? A maioria dos chefes de gangue que haviam sobrado em Chicago. Você gostaria de conhecê-los?

Al Capone e sua gangue

OS BARÕES DO CRIME

Greasy Thumb Guzik
Administrador e tesoureiro do Al.
Por que Greasy Thumb? Antes de ser gângster, foi garçom; dizem que era tão desajeitado que, sempre que levava a sopa ao freguês, enfiava o dedão dentro.
Jeitão: Míope, corpo de hipopótamo.
Especialidade: Contar montanhas de dinheiro, balançando suas bochechas flácidas.
Nunca diga: "Garçom, alguém botou um dedão na minha sopa".

Al "Scarface" Capone
O Grandão, número um do crime organizado de Chicago.
Jeitão: Vestido para matar.
Especialidade: Cuidar de negócios, "cuidar" dos outros.
Nunca diga: "Cuide do meu gatinho, eu vou sair de férias". Você nunca mais vai ver o bichano.

George "Bugs" Moran
Chefe da gangue O'Banion
Bugs? O cara tinha pulga? Nada disso, *bugs* significa que ele era completamente pirado e mau pra caramba. Bem, pra tentar apagar o Al tinha de ser doidão mesmo (ou estar a fim de virar presunto).
Jeitão: Sempre bem barbeado, carinha de anjo. Mas tinha cada acesso de raiva!
Especialidade: 1. Ser preso. 2. Sair da prisão, subornando quem fosse preciso.
Nunca cite: O nome dos dois últimos chefes da sua gangue (eles tinham se mudado de Chicago para o cemitério).

100

Capone Gente Boa

Vincent "Schemer" Drucci
Número 2 na Zona Norte dos Bugs.
Schemer? Aposto que, se você soubesse que se pronuncia mais ou menos assim: "skemar", sacaria que ele ganhou esse apelido porque vivia bolando esquemas de assaltos e sequestros que nunca davam certo. Gângster adora tirar sarro um do outro.
Especialidade: Um dos seus primeiros "esquemas", ainda criança, foi roubar moedas dos orelhões. Já nasceu delinquente.
Nunca pergunte: "Quais são os seu planos?", senão ele vai alugar você por duas horas.

Myles e Klondike O'Donnell
Irmãos irlandeses, chefes da gangue O'Donnell do Norte.
Por que se chamava Klondike? Ninguém sabe por que se chamava assim, e era melhor não perguntar.
Jeitões: Klondike — cara de batata vermelha; Myles — magro, amável, cara doentia.
Especialidade: Traficar bebidas, armar brigas, roubar os negócios do Al (e escapar das ciladas dele).
Não confundir com: Spike O'Donnell. Nenhum parentesco. Spike é o chefe da gangue O'Donnell do Sul. Sacou?

Al Capone e sua gangue

A primeira conferência de paz da história da máfia americana realizou-se no dia 20 de outubro de 1926. Você já deve estar imaginando um monte de bandidões mal-encarados entrando clandestinamente num porão fumacento. Não foi bem assim. O encontro não teve nada de clandestino: deu-se no hotel Sherman, bem em frente à chefatura de polícia! Al teve até a cara de pau de convidar um juiz para presidir a sessão. (Curiosamente, o juiz não aceitou o convite.) Os repórteres se amontoavam na porta, em busca de notícias. Um deles escreveu: "Assaltantes de todo tipo, assassinos, ex-prisioneiros, capangas e arruaceiros... sentaram-se para dividir Chicago em áreas de negócios".

Al e seus amigos sentaram-se de um lado da mesa. Bugs e a sua gangue, do outro. Naturalmente, Al foi quem mais falou. Alguns gângsteres têm dificuldade até para pronunciar seus nomes, mas o Al era um craque da oratória.

> *Estamos transformando um grande negócio num estande de tiro. Isso é ruim e perigoso. Quando um cara dá duro num ramo qualquer, no fim do dia ele está a fim de ir para casa e esquecer seus problemas. Não quer ter medo de sentar junto de uma janela ou de uma porta aberta.*

Os "colegas" concordaram, meneando a cabeça. Ninguém ali sentava junto da janela. Todos eles levavam a vida de olho nas próprias costas (não é fácil, tente alguma vez!).

As propostas de paz do Al passaram sem um só comentário. Se alguém tivesse redigido a ata daquele encontro, ela poderia ter sido assim:

PRIMEIRA CONFERÊNCIA DE PAZ DA MÁFIA DE CHICAGO

Ata da reunião

Presentes: A. Capone, B. Moran, S. Drucci, T. Lombardo... Sacou, cara? Todos os bandidões da cidade.

Hymie Weiss pediu desculpas pela ausência. Por estar morto, etcétera e tal.

O senhor presidente, Al, fez um apelo à paz. Disse que tem negócio para todo mundo no ramo do tráfico de bebidas. Tem sentido um ficar puxando o tapete do outro? Levando para o campo pessoal, disse que tem criança pequena em casa e não queria ser deixado lá uma noite parecendo queijo suíço, todo cheio de furos.

Levantando uma questão de ordem, Bugs disse que não queria saber de nenhum engraçadinho invadindo a área dele. Alguns dos presentes entenderam a indireta. (Não entendi o resto, por causa da gritaria e dos dedos batendo na mesa.)

Al — o senhor presidente — mandou todo mundo calar a boca e sentar. Propôs um trato.

Al Capone e sua gangue

Ficou resolvido o seguinte:

Tratado de paz
1. Enterrar sete palmos abaixo do chão todo tipo de desentendimento, bem como os caras que começarem com ele.
2. Não espancar nem matar os caras da outra gangue. Cada um na sua.
3. Parar com as fofocas.
4. Não invadir o território de outra gangue. Também não roubar a clientela alheia. Cada gangue tem o direito de levar sua vida desonesta em paz.
5. Qualquer engraçadinho que romper com a paz tem de prestar contas ao seu chefe, que lhe dará um bom castigo. Reincidindo, apagar o cara.

O tratado foi devidamente assinado por Al, Bugs e o resto da turma.

Al deu a sessão por encerrada e sugeriu que todos fossem ao café para brindar o resultado.

A reunião acabou às duas da matina. Todo mundo virou o melhor amigo de todo mundo.

Estranhou o parágrafo 3 do tratado? É que fofoca de bandido costumava ser mortal. Por exemplo, se começava a correr o boato de que um chefão estava passando uma rasteira em outro, geralmente o presunto de alguém acabava no porta-malas de um carro.

Capone Gente Boa

Bons rapazes

A primeira conferência de paz entre gangues foi um sucesso. Mas a grande questão era a seguinte: ia funcionar? Os gângsteres iam mesmo parar de se matar? A resposta era "sim". Quer dizer, "sim e não". A paz reinou na cidade durante setenta dias. Pode não parecer muito, mas para Chicago era um recorde. Na verdade, fora o mais longo período sem assassinatos em sete anos!

Claro, alguém ia acabar estragando tudo. Al tinha feito inimigos demais, não poderia viver sossegado por muito tempo. Até então ele tinha tido sorte, mas o perigo estava à sua espreita em cada esquina.

AL NO AUGE
Sopa, moedas de cinco e o sol da Flórida

Al tinha proposto a paz. Mas pedir aos gângsteres para não brigar é como pedir aos peixes para não fazer cocô dentro d'água. Quem rompeu a paz foi Joey Aiello. Como os irmãos Genna, Joey também era siciliano. Tinha oito irmãos e um verdadeiro exército de primos. Com uma família assim, não precisava recrutar estranhos. Joey vivia numa mansão de três andares numa parte de Chicago chamada Little Italy, a "Pequena Itália". Sua sala era forrada do assoalho ao teto com livros encadernados em couro. Não que ele fosse um grande amante da leitura; é que as estantes escondiam seu depósito secreto de armas e explosivos.

Al Capone e sua gangue

A Guerra de Sucessão siciliana foi a última chance dos inimigos de Al. Joey Aiello queria ser o chefão da União Siciliana, uma espécie de sindicato de mafiosos. Mas Capone fez um esquema para que um dos seus comparsas ganhasse a parada. Aiello ficou furioso. Juntando forças com Bugs Moran, resolveu se livrar de uma vez por todas de Capone. Pode estar certo de que o diário secreto do Al mencionaria o fato.

DIÁRIO SECRETO DO AL
17 de setembro de 1927

Esse Joey Aiello é um duas-caras, um cachorro! Que topete! Achar que podia me marcar para morrer! Eu, Al Capone! O Chefão. Quem manda aqui sou eu. É melhor esse rato correr rápido para uma toca. Ninguém bota a cabeça do Al a prêmio.
Pois dizem por aí que ele botou. Cinquenta paus. Só CINQUENTA! É um insulto! Eu valho no mínimo **dez vezes** isso.
Ele contratou quatro matadores de fora da cidade. Uns caras da pesada, que adoram rechear os outros de azeitona. Sicilianos. Engraçado, todos eles sempre acabam do mesmo jeito. Caídos num beco, com uma moeda de cinco centavos na mão.
Quem terá feito isso com eles? Nem imagino.
(obs.: dizer ao Jack Metralha para

Al no auge

não deixar suas moedas de cinco dando sopa por aí.)

24 de outubro de 1927

Agora ele está passando mesmo dos limites.
Pôr minha cabeça a prêmio é uma coisa. Estragar meu jantar é outra. Hoje fui jantar fora, no meu restaurante favorito, o Bella Napoli. Carlo, o mestre-cuca, veio falar comigo. Disse que não dava para esperar eu terminar a sopa. Carlo estava morrendo de medo. Na semana passada ele tinha sido abordado por uns caras da gangue do Aiello. Diziam ter um trato a lhe propor. O trato era o seguinte: eles matariam o Carlo se ele não concordasse em me envenenar. ME ENVENENAR! Sicilianos filhos de uma égua! Quase entalei com a sopa! Carlo disse que mandou os caras para aquela distinta senhora. Eles encostaram uma arma na cabeça dele, para que ele entendesse que estavam falando de negócios. "Pagavam bem, pelo menos?", perguntei. "Dez mil dólares, senhor Capone. Segui o conselho que o senhor sempre dá e embolsei a grana na hora."
"Fez bem, Carlo. E como é que eles queriam que você fizesse o serviço?"
"Ácido cianídrico, senhor Capone. No minestrone." Olhei para a minha sopa.

> Era minestrone. De repente, comecei a me sentir mal.
> Carlo começou a rir. (Sorte a dele!)
> "A sopa está ok, senhor Capone. Afinal o senhor é meu melhor freguês."
> Foi aí que fiquei uma fera. Berrei com toda a força dos meus potentes pulmões: "Ninguém, mas ninguém mesmo estraga o minestrone do Al sem pagar caro, muito caro!"
> É melhor eu encomendar umas flores agora. Tenho o pressentimento de que em breve o Joey vai calçar um sapato de concreto.
>
> ### 22 de novembro de 1927
>
> Joey está ficando apavorado. Agindo precipitadamente. Montou um ninho de metralhadoras num quarto em frente ao hotel Atlantic. Seus rapazes estão lá agora. Esperando eu passar para me encher de chumbo. Mas Al não nasceu ontem. E vai mostrar para esse cara o que é bom pra tosse. Quando terminar, Joey Aiello vai se arrepender de não ter mandado botar ácido cianídrico **na própria sopa!**

Al podia ter despachado seus rapazes ao hotel para enfrentar a bala os capangas do Aiello. Mas tinha uma ideia melhor. Ligou para seus amigos da polícia, eles é que foram ao Atlantic e prenderam o Joey Aiello. Joey foi levado para um interrogatório no distrito. E o plano do Al pôs-se em marcha. Foi sua jogada mais audaciosa, se bem que...

Al no auge

CHICAGO URGENTE

23 de novembro de 1927

GÂNGSTERES PROMOVEM CERCO A DELEGACIA!

Até que ponto um gângster pode chegar? Dificilmente mais longe do que Al Capone chegou. Ontem, o homem conhecido como Scarface deu seu golpe mais audacioso. Seus capangas cercaram o Departamento de Investigações da polícia de Chicago, numa assustadora manifestação de força do crime organizado.

O objeto do cerco estava detido nessa delegacia: Joey Aiello, inimigo jurado de Capone. Uma hora depois da detenção de Aiello, o cerco teve início. O sargento Harry Roach, que trabalha no terceiro andar, contou-nos o que aconteceu. "Ouvi um barulho de freadas e fui à janela espiar. Uma frota de carros estava parando em frente ao prédio. Saíram deles uns vinte homens. De início, pensei que fossem colegas, mas em vez de entrarem, eles se espalharam em torno do prédio. Foi aí que me dei conta. Aqueles caras não eram tiras, eram os capangas do Capone. Eles tiveram o topete de atacar uma delegacia de polícia!"

A polícia em ação

Vizinhos de cela

Investigadores armados prenderam um dos homens de

Capone, chamado Louis Campagna, bem diante da porta principal. Mas cometeram o erro de colocá-lo numa cela que ficava ao lado da de Joey Aiello. Com isso, a polícia apenas ajudou Capone a dar seu recado. O chefe de polícia contou que Aiello pediu-lhe proteção. "Ele tremia que nem vara verde", disse o chefe O'Connor. "Prometi total proteção para a sua viagem de volta à Itália." Uns amigos disseram que Aiello e sua família saíram da cidade ontem à noite. Apostam que ele não volta mais.

O mandachuva

Na entrevista coletiva que convocou, Capone disse aos repórteres: "Eu sou o chefe. Não deixem ninguém enganar vocês, dizendo que podem me botar para fora da cidade".

A polícia de Chicago nem sonha com uma coisa dessa. Esta manhã ela estava ocupada demais, tirando a fantasia de palhaço.

Aiello deixa a cidade às pressas

Tchau, Chicago

Al estava no auge da fama e do poder. Era manchete dos jornais do país inteiro. Os cidadãos cumpridores da lei liam as reportagens e ficavam chocados.

Em Chicago, o poder de Capone começava a causar certo incômodo. Tudo bem que o Poderoso Chefão subornasse a polícia *por baixo do pano*. Mas fazer a polícia de boba *em público*, aí era demais. Big Bill Thompson, prefeito de Chicago, tinha planos de candidatar-se à Presidência. E ter o gângster número um da América na sua cidade não pegava nada bem. Big Bill começou a reprimir os negócios de Capone.

Al no auge

Como Al reagiu? Anunciando que ia se mudar de Chicago. Antes de partir, Al convocou outra entrevista coletiva. Foi uma das suas melhores apresentações. Al sempre foi um mentiroso de muito talento. Sem dúvida nenhuma, o maior mentiroso de toda a história dos EUA — poderia representar o país numa Olimpíada do Blefe. Pois dessa vez ele bateu todos os seus recordes. Só para você ter uma ideia, aqui vai um exemplo das lorotas que ele contava:

> *Nunca fui condenado por crime nenhum e nunca orientei ninguém a cometer um crime.*
> *Não estou dizendo que seja um santo, mas nunca matei ninguém. Nunca roubei ninguém em toda a minha vida. Nem mandei nenhum dos meus homens roubar ninguém nem assaltar casas, enquanto trabalhavam para mim. Eles podem ter feito muita coisa antes de vir colaborar comigo, mas não enquanto faziam parte da minha equipe.*

Al Capone e sua gangue

Al saiu de Chicago antes do Natal de 1927. Foi embora deixando "gratidão para os amigos e perdão para os inimigos" (se você acredita nisso, vá correndo ver um psiquiatra). Não sabia quando voltava. Mas não tinha pensado em uma coisa. Se Chicago — a cidade do crime organizado — não queria saber de Al Capone, as outras queriam muito menos. Al não demorou a tornar-se conhecido como "o homem sem domicílio". Aonde quer que fosse, era repelido.

> Mamãe querida,
>
> Los Angeles é uma cidade sensacional. Cheia de estrelas de cinema. Hoje fui visitar um estúdio. É um negócio e tanto. Um achado. Ganhar milhões de dólares só para ficar de bobeira na frente de uma câmera! Quem sabe um dia fazem um filme sobre a minha vida. Poderia chamar-se "Al Capone, o herói do século". Tenho até uma boa sugestão para o ator que fará o papel principal. (Mas a senhora sabe como sou modesto.)
>
> Tudo estava indo muito bem, até que um tira veio estragar a festa. Disse que na Califórnia não queriam saber de gentalha. Veio pessoalmente me botar pra fora da cidade. (Eu podia ter molhado a mão do cara com umas notinhas de cem, mas vai ver que os tiras daqui não são tão subornáveis como os daí.)
>
> É o fim da picada a gente não poder tirar férias em paz. Eu sou um simples turista. Tenho uma nota preta pra gastar. Que história

Al no auge

> é essa de expulsar da cidade um cara que só está a fim de gastar uma graninha?
> Vou pegar o próximo trem para Chicago. Não diga nada à polícia, senão eles vão querer me dar uma festa de boas-vindas.
> A bênção, mamma,
> Al xxxxx

Al tinha razão. A polícia organizou mesmo uma bela recepção. Quando apeou do trem, viu seis metralhadoras apontadas para ele. Passou a noite em cana, acusado de porte ilegal de armas.

Filho do Al

Al saiu da prisão, mas perdeu a liberdade. Aonde quer que fosse, os tiras o seguiam. Vida dura! Mas e para a sua família, como era? Nessa época Sonny, o filho do Al, estava com nove anos. Você deve estar imaginando que ser filho de um gângster famoso era viver uma vida cheia de emoções fortes, não está? Pois se engana redondamente.

Sonny era um garoto tímido e sossegado. Tinha um defeito de audição, por isso usava aparelho. Al adorava o filho e morria de medo de que alguém o raptasse. Resultado: o coitado do Sonny não podia pôr o nariz para fora de casa.

Ser filho de Al Capone devia ser uma chatice. Dê uma olhada no álbum de fotografias do Sonny, que você vai ver como era.

Al Capone e sua gangue

Al no auge

Time dos Books[3] vs. time do papai. Eu deixando a bola cair.

Festa em casa. Vieram 75 alunos da minha escola. Papai encomendou um monte de balões, doces e um lindo bolo. Quem sabe agora consigo arranjar amigos.

Dando tchau para o papai, que saía de férias.

Durante esse período, Sonny deve ter visto o pai mais que de costume. Antes, era comum Al passar semanas ou meses fora de casa. Mas agora estava praticamente em prisão domiciliar. Ele só precisava de uma toca para ficar amoitado até a poeira baixar.

Dessa vez, tentou a ensolarada Miami. Miami não queria saber do maior gângster dos Estados Unidos, mas aceitou sem o menor pudor a grana dele. Mas lá também, mal saía na rua, Al era implacavelmente caçado — só que por corretores de imóveis.

3. Nada a ver com livros: *book* aqui é o diminutivo de *bookmaker*, o pilantra que banca apostas clandestinas em corridas de cavalos.

Al Capone e sua gangue

Lar, doce lar — parte 2

Al no auge

Al finalmente instalou-se em sua megamansão, na Flórida, mais precisamente em Palm Island, Miami. Palm Island é uma ilha artificial, ornada de palmeiras e voltada para a baía de Biscayne. A mansão em estilo espanhol que Al comprou só faltava ter escrita, no muro da frente, a palavra *milionário*.

O paraíso tropical do Al custou-lhe a bagatela de 140 mil dólares (em torno de uns 5 ou 6 milhões hoje em dia). A reforma ocupou um exército de arquitetos e operários por vários meses. O que Al mais desejava era privacidade. Não havia nenhuma placa de "entrada proibida", mas só de olhar para a casa você captava a mensagem. Mais parecia um castelo fortificado.

Em seu paraíso de Miami, Al, o garoto pobre do Brooklyn, sentiu-se finalmente um homem bem-sucedido. Na sala de estar, você podia apreciar um retrato da família Capone em tamanho natural. Ao pé da sua cama de dossel, ele guardava sua grana num baú. "Nunca confie nos bancos", era o lema do Al — nunca se sabe quando um assaltante vai tentar roubá-lo.

Al adorava exibir sua riqueza aos amigos que iam visitá-lo. Mandava preparar uma cesta com sanduíches de salaminho e umas cervejas, alugava um hidroavião e levava todo mundo à praia. Quando queria relaxar, sentava-se de roupão no píer e pescava, fumando um charutão. Às vezes ia jogar pedaços de pão para os peixes com seu adorado Sonny.

Al passava o inverno sob o sol da Flórida. No verão voltava para Chicago. Em 1928, mudou seu QG na cidade para o hotel Lexington. Agora ele tinha dois buracos para se esconder, sem falar na sua casa na Prairie Avenue. O Lexington tinha dez andares. Al e sua equipe ocupavam dois.

O cozinheiro pessoal do Al preparava suas refeições, tomando o cuidado de provar cada prato antes de servir (vai que alguém tenta estragar o minestrone...). O Lexington era

Al Capone e sua gangue

perfeito para o Al. Era dali que ele dirigia seus negócios, de modo que a Mae nunca sabia direito o que ele andava fazendo. O hotel também ocultava um segredo dentro das suas paredes: a saída secreta do Al. Veja como funcionava:

① NO TÉRREO, UM OLHEIRO DAVA O ALARME

② AL SAÍA RAPIDAMENTE COM SEUS GUARDA--COSTAS

Al no auge

Al Capone e sua gangue

Uma noite na ópera

Em Chicago, Al gostava de esquecer a tensão dos negócios ouvindo música.

Quando era criança, no Brooklyn, aprendeu a gostar de ópera com o *signor* Tutino Giovanni, tenor dramático. Como é que o pequeno Al conseguia ir à ópera? Não ia. O *signor* Giovanni era o homem do realejo que cantava na rua. Al cultivou esse gosto pela ópera o resto da vida. Já adulto, comprava todos os discos de Enrico Caruso, o célebre tenor. Ouvia-os horas a fio no seu gramofone. É fácil entender por que Al gostava tanto assim de ópera: é melodramática, espalhafatosa e barulhenta como a vida. Além do mais, os personagens muitas vezes terminam mal.

"All that jazz"

Al achava a ópera o máximo, mas o jazz vinha logo em seguida. Jazz era a música popular da década de 20, e Chicago dançava ao ritmo das suas bandas. Nomes como Louis Armstrong, Jelly Roll Morton e Duke Ellington vinham tocar na cidade. O lugar mais quente de Chicago, em matéria de jazz, era o Cotton Club, tão famoso que virou até filme. Adivinhe quem era o dono?

Tocar em Chicago devia ser uma experiência de arrepiar, como Fats Waller, célebre cantor e pianista, descobriu. Uma noite estava saindo do lugar onde havia tocado, quando foi

Al no auge

raptado. Quatro orangotangos armados enfiaram-no na traseira de uma limusine. O carro arrancou a toda na escuridão. No banco de trás, Fats suava frio. Ser raptado por quatro sujeitos com cara de maus geralmente não era uma boa notícia. Fats sentiu que tinha interpretado sua última canção.

A limusine tomou o rumo de Cicero e parou no hotel Hawthorne. Lá dentro, Fats encontrou uma festa animadérrima. Os gorilas empurraram-no até o piano e mandaram-no tocar. Pouco a pouco, Fats sacou que não estava marcado para morrer. Tinha aterrissado na festa de aniversário do Al Capone. Melhor ainda: era o presente-surpresa para o Chefão. Exultando por continuar vivo, Fats tocou, tocou, tocou... Al mandou abastecê-lo de champanhe e encheu os bolsos dele de dinheiro.

O rei do crime sabia dar festas. Essa durou TRÊS DIAS!

No fim da festa, Fats Waller voltou para casa completamente bêbado, exausto e com milhares de dólares no bolso.

Numa outra festa, o músico foi o próprio Al. A banda daquela noite era a do compositor Jules Styne. Capone pediu para reger um número. Sua música favorita: *Rhapsody in blue*, de George Gershwin. Usando o revólver como batuta, agitou os braços roliços, e a banda começou a tocar. Conta Styne: "Ele estava fora de compasso, mas aquilo de-

Al Capone e sua gangue

via ser algo que ele quis fazer a vida inteira. No fim do número, estava com os olhos marejados de lágrimas".

"A música acalma a besta selvagem", escreveu Shakespeare. No caso do Capone, além disso ela abriu sua carteira: naquela noite ele deu a cada músico uma nota de cem dólares.

Passando dos limites

Al não poderia continuar agitando a batuta como bem entendesse por muito mais tempo. Até então ele tinha levado a melhor sobre todos os seus inimigos. As gangues não conseguiam assassiná-lo, e o governo não era capaz de prendê-lo. Achando que era o rei da cocada preta, ele ia cada vez mais longe. No ano seguinte, 1929, Al foi longe demais. O país ficou perplexo com um acontecimento tão pavoroso que chocou até os próprios gângsteres. O Dia de São Valentim, nos EUA e na Europa, é o Dia dos Namorados; por isso sempre foi um dia de beijos e bilhetes apaixonados. Mas em Chicago ele ia se tornar conhecido também por outra coisa...

O massacre do Dia de São Valentim é o mais célebre crime da história da máfia americana. É claro que houve assassinatos de gangues em Chicago, antes dele. Aliás, eles ocorriam com a regularidade de um relógio suíço. Mas esse assassinato foi diferente. Não só foi mais chocante, como criou um mistério: ninguém nunca descobriu com certeza quem foi o responsável. Embora, é claro, todos desconfiassem de certa pessoa. Bem, vamos aos fatos. Você decide!

Al no auge

ARQUIVO G

Caso: O mimo do Dia de São Valentim
Data: 14 de fevereiro de 1929
Encarregado: Invest. Lefty Lane

Eu não sou um cara sentimental. Coraçõezinhos e flores, luar e romance, isso não é comigo. Assim, não é surpresa eu não ter mandado cartão para ninguém no Dia de São Valentim. Mas alguém mandou. Aquele tipo de cartão com votos de morte rápida. Sete sujeitos da gangue do Moran receberam cartões desse tipo.

O Dia de São Valentim foi um dia frio. Minha sala estava tão gelada que até as baratas puseram cachecol. Por volta das onze, recebi um telefonema sobre uns corpos achados numa garagem da Clarkson Street. Sei que estamos em Chicago, mas sete corpos? Isso não é assassinato, é guerra!

Quando cheguei ao local do crime, a cena não era nada bonita de ver. Muito sangue nas paredes. Os corpos estavam estirados no chão.

Quer saber o engraçado da coisa? Todos foram

Al Capone e sua gangue

acertados nas costas. Nenhum chegou a sacar a arma. Por que sete bandidos da pesada iam virar as costas e olhar para a parede sem reagir?

Bugs Moran, o chefe da gangue, não estava entre eles (não que eu vá comemorar sua ausência...). Pelo jeito, eles foram enfileirados contra a parede, mãos ao alto. Não estavam esperando que fizessem alguma gracinha com eles. Alguém os pegou desprevenidos.

Um deles ainda respirava. Fui olhar de perto. Era Frankie Gusenburg, o brutamontes da patota do Moran.

"Quem foi que fez isso?", perguntei. "Quem atirou em você?"

"Ninguém atirou em mim", rosnou. (Sempre aquela velha tradição dos gângsteres! Cara, será que eles nunca vão desistir?) Ele não ia dar com a língua nos dentes. Levaram o grandalhão para o hospital. (Fiquei com o coração partido: Frankie não sobreviveu.)

Interroguei os vizinhos. Uma mulher do outro lado da rua tinha visto dois policiais de uniforme entrarem. Depois saíram da garagem levando dois gângsteres para o carro, sob ameaça de revólver.

O depoimento da mulher não fazia sentido. Se era uma detenção, quem eram os dois tiras? Ninguém tinha sido chamado para a Clarkson Street

Al no auge

naquela manhã. A não ser que... Meu cérebro pôs-se a funcionar a todo o vapor. A não ser que os tiras não fossem tiras de verdade. E se a gangue de Moran tivesse caído numa cilada? Os falsos tiras os viraram de cara para a parede fingindo que iam dar uma geral, depois os comparsas deles chegaram de metralhadora e encheram os otários de chumbo.

Ao sair, os "tiras" podem ter simulado que estavam prendendo seus colegas, para despistar uma eventual testemunha.

Era uma teoria e tanto. Mas não me dizia quem eram os matadores. De volta à minha sala, fiquei olhando as baratas andando de um lado para o outro, enquanto pensava nos suspeitos.

O primeiro suspeito, não foi preciso pensar muito...

Suspeito nº 1 — Al Capone. O Grandão tinha motivo. Todo mundo sabia que Scarface e Bugs não eram exatamente amiguinhos. Era mais do que conveniente para o Al que metade do bando do Moran sumisse de cena. Só havia um problema para acusá-lo do crime: Capone estava se bronzeando ao sol da Flórida. Disse que estava falando ao telefone com o promotor de Miami na hora do crime. Que feliz coincidência, hein?

Suspeito nº 2 — Jack McGurn, o "Metralha". Jack é o matador-chefe do esquema do Capone. Ele pode ter planejado o serviço, com ou sem o Grandão. McGurn também foi visto por uma testemunha. O chato é que ele também tinha álibi. Seu álibi era loura e linda. E jura que Jack estava num hotel com ela na hora da matança.

Suspeito nº 3 — Tiras corruptos. E se foram tiras de verdade que fizeram o serviço? Testemunhas viram dois tiras chegarem e entrarem na garagem. Vieram até numa viatura. Podiam ser tiras da banda podre da polícia, que tinham uma conta a acertar com a gangue do Moran. Bugs, por exemplo, podia não ter pago uma grana que lhes devia por algum serviço. Mas será que um tira, por mais podre que fosse, seria capaz de despachar sete caras a sangue-frio? O que você acha?

Dia de São Valentim. Por que comemorá-lo? E por que um crime como este, com sete presuntos e nenhum indiciado? Nem é preciso dizer que o caso nunca foi solucionado. Chicago é assim. Sete caras assassinados à luz do dia, mas ninguém sabe quem são os autores do crime. Esta é a história. De quem você suspeita?

> Conclusão
> Nas palavras de Bugs Moran: "Só Capone mata assim". Acho que o Bugs tem razão. Só Capone teria inteligência suficiente para planejar uma operação dessa. Responda você: por que Capone estava em Miami naquela época? Por que ele parou de ligar para Chicago poucos dias antes da matança? Capone queria provar que não tinha nada a ver com aquilo. Mas não era nada de mais pro meu gosto.
>
> A história do Jack Metralha é que ele passou a manhã com sua garota, Louise Rolfe. Quando a coisa ficou feia, Jack e Louise anunciaram que iam se casar. Por que a súbita decisão de juntar os trapos? É que a lei diz que a esposa não pode depor contra o marido num processo. Eu não disse que o Jack era esperto?
>
> Quanto ao Bugs Moran, escapou vivo por pura sorte. Ele chegou atrasado à garagem e viu o carro de polícia. Em vez de entrar, resolveu dar uma voltinha até a barra ficar limpa.

O massacre do Dia de São Valentim livrou Al da última grande quadrilha rival. Bugs Moran podia jurar vingança contra Capone, mas sua gangue estava bastante desfalcada. Al Capone podia imaginar que agora tinha todos os trunfos na mão, mas o fato é que aquela matança selvagem fez o feitiço virar contra o feiticeiro. O Dia de São Valentim foi o dia em que todo mundo realmente se voltou contra Capone. Antes do massacre, Al era conhecido como um fora da lei famoso; agora era conhecido como um assassino famoso. O governo não podia permitir que ele continuasse a fazer o que bem entendesse. Estava na hora de pegar Capone de uma vez por todas.

PARTE 3: A QUEDA DE AL CAPONE

POLÍCIA E LADRÃO
O bom, o mau e o fiscal

O massacre do Dia de São Valentim foi manchete no mundo inteiro. E o nome do Al Capone era mencionado em todas as reportagens. Você acha que ele tomou um chá de sumiço? Que nada! Quis aproveitar aquela publicidade grátis para aparecer ainda mais. Convidou repórteres para um bate-papo na sua mansão de Palm Island. Nem lhe passou pela cabeça que esse excesso de "exposição" poderia complicar o seu caso. Antes, os crimes do Al deixavam apenas os moradores decentes de Chicago rubros de vergonha, mas agora tratava-se de um escândalo nacional. Alguma coisa tinha de ser feita. Herbert Hoover em pessoa — o presidente dos EUA na época — resolveu dar um basta: jurou que Al Capone ia parar atrás das grades.

E foi o que aconteceu. Mas não do jeito que Hoover imaginara. Pela primeira vez na vida, Al *quis* ir para a cadeia. Chegou a pagar dois investigadores da polícia para prendê-lo! A prisão se deu no dia 17 de maio, na porta de um cinema em Atlantic City. O crime pelo qual ele foi preso era porte ilegal de arma. Naturalmente, os dois tiras negaram de pés juntos que o flagra que deram no Al fosse armação. Por que então Capone lhes passou um maço de dólares junto com a arma?

Al Capone e sua gangue

Por que ele pagou para ser preso? Parece maluquice, mas, tal como seu ex-patrão Johnny Torrio, Al achava que a prisão era um porto seguro no meio da tormenta. Depois da matança do Dia de São Valentim, as coisas esquentaram. Bugs Moran estava escondido, mas ainda podia lhe dar dor de cabeça. Al decidiu que era mais seguro sair de circulação. O delito pelo qual foi preso era um delito menor, mas Al recebeu uma condenação por um ano inteirinho. Ficou inconformado. Afinal tinha pagado caro por sua prisão!

Deve ter sido dureza para o maior gângster do mundo enfrentar a vida de prisioneiro.

DIÁRIO SECRETO DO AL
Prisão do Leste, 15 de dezembro de 1929

Já são sete meses neste buraco nojento. Não é mole a vida na prisão, você tem de jogar pesado para sobreviver. Ainda bem que tenho uma cela individual. (Você acha que eu ia dividir a cela com uns criminosos?)
Fiz o possível para tornar o xadrez agradável. Pena que não deu para arrumá-lo do jeito que eu gostaria. Só pude trazer alguns tapetes, poucos quadros, uma cômoda, uma estante, livros e uns abajures. Instalar o rádio custou uma nota preta,

Polícia e ladrão

mas valeu a pena, porque assim posso ouvir as partidas de beisebol. É chato não ter telefone, mas o diretor da prisão me deixa usar o dele sempre que preciso. Depois do almoço, ele nos obriga a trabalhar.

← Minha cela chinfrim

O trabalho que ele me deu é dureza: cuidar da biblioteca da prisão. Tem dias, podem crer, que passo a tarde inteira arrumando livros. Será que estão querendo me matar?

Mae veio me visitar. (Posso receber visitas quando quiser.) Ela disse que o Sonny ainda acredita que o pai dele está na Europa. Sempre que ele vê uma foto de um navio, pergunta à mãe se é o que vai trazer papai de volta. Essas coisas partem meu coração.

Devo sair daqui muito em breve. Dizem que alguns presos tiveram a pena reduzida por bom comportamento. E eu tenho andado tão na linha que eles estão começando a achar que prenderam o cara errado. Tenho de sair logo. Não aguento mais esta comida asquerosa da prisão. Já engordei cinco quilos!

Al acabou conseguindo a redução da pena para dez meses. Foi um prisioneiro modelo. Como disse o médico da penitenciária: "Nunca vi um prisioneiro tão amável, tão brincalhão e tão prestativo. Não posso acreditar no que dizem sobre ele".

Al Capone e sua gangue

Enquanto estava em cana, Al comprou mil dólares de trabalhos de arte e artesanato feitos por seus colegas detentos, e mandou de presente de Natal para os amigos. Era uma boa piada, pensando bem: o gângster mais classudo do mundo comprando presentes feitos por delinquentes de terceira para mandar para bandidos de primeira.

Quando finalmente saiu da prisão, o mundo tinha mudado. Até então Al fora conhecido como Scarface ou simplesmente Al Brown. Agora tinha um novo título: era o Inimigo Público Número Um.

A ideia de Inimigos Públicos foi bolada pela Comissão Criminal de Chicago. Esse conjunto de figurões da cidade teve a brilhante sacada de divulgar uma lista dos Dez Maiores Gângsteres (na verdade eles listaram 28, mas aí ficava grande demais). Com a lista dos maiores bandidos de Chicago, esperavam virar a opinião pública contra eles. É incrível, mas deu certo. Se você repetir sem parar que alguém é um inimigo público, as pessoas vão acabar acreditando em você.

Eis a lista dos dez principais inimigos públicos de 1930. Você já ouviu o nome de alguns deles.

Polícia e ladrão

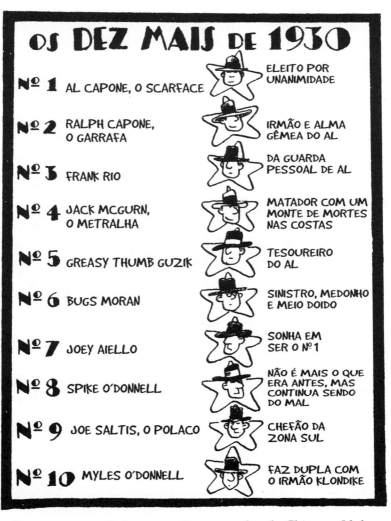

Estes eram os criminosos mais procurados de Chicago. Al devia estar todo prosa por ver que o bando Capone ocupava os cinco primeiros lugares. É uma pena a Comissão Criminal não ter ampliado a lista. Se tivesse descido um pouco mais na hierarquia do crime, teria incluído outros gângsteres que *mere-*

ciam ser famosos. Não porque fossem chefões do submundo, mas porque tinham os nomes mais doidos. Como você sabe, um gângster sem apelido era um joão-ninguém. Alguns apelidos, como Scarface, foram inventados pelos jornais. Outros pegavam por causa de algum fato no passado do gângster.

Para você se divertir, lá vão alguns dos mais pitorescos gângsteres que não entraram para a lista dos Dez Mais.

1. Murray Humphreys, o Camelo
Provavelmente o único gângster galês (ou seja, do País de Gales) que "trabalhou" nos EUA. Chamavam-no de camelo por causa do sobrenome: *hump*, que quer dizer "corcova".

2. Sam Hunt, o Taqueira
Da gangue do Al. Foi detido uma vez por levar uma metralhadora na sua taqueira (a sacola de tacos de golfe). Os tiras também começaram a desconfiar que certos caras que andavam com estojo de violino podiam não ser músicos...

3. *Il Cavaliere* (O Cavalheiro)
Il Cavaliere era o Joseph Nerone, um siciliano que ganhou esse apelido porque andava e falava como um aristocrata.

Polícia e ladrão

Apesar do sobrenome (Nerone = Nero), nunca foi imperador nem coisa parecida. De nobre não tinha nada. Antes de virar gângster, exercia uma profissão muito mais aterrorizante: professor de matemática!

4. Lonergan Perna de pau
Chefe de uma gangue do Brooklyn, perdeu a perna direita num acidente ferroviário. Toda profissão tem seus acidentes de trabalho. Na gangue do Perna de pau, tinha o Pelicano Olho de Vidro, que não tinha nada a ver com o Nabor Nove Artelhos (sacou que ele perdeu um dedo do pé, né?) ou Willie Três Dedos White, da gangue do Capone.

Podem me chamar de Número Um

Qual foi a reação do Al ao ser chamado de Inimigo Público Número Um? Vai ver que ficou todo prosa.

Mas logo percebeu que ser o Número Um era uma responsabilidade e tanto. Quase todos os jornais dos Estados Unidos estampavam a lista dos Inimigos Públicos na primeira página. Agora todo mundo sabia quem era Al Capone. Não era mais um audacioso fora da lei. Era o Inimigo Público Número Um.

DIÁRIO SECRETO DO AL
20 de junho de 1930

Essa história de Inimigo Público está me deixando irritado. Al Capone virou culpado de tudo. Se aumenta o desemprego, a culpa é do Al. Se alguma mocinha é assaltada na rua, quem leva a culpa? O Al! Se o Al fica em casa, está armando alguma. Se sai na rua, é uma ameaça ao distinto público. É só eu dar as caras num restaurante, que metade da clientela se esconde debaixo da mesa. Tenho sempre um par de tiras nos calcanhares, como se fossem cachorrinhos, cada vez que saio de casa. Não posso nem ir tirar água do joelho sem um deles ir junto! E por que isso? Porque meu nome é Al Capone, só por isso!

Não vou mais tolerar essa situação. Eles me pegaram para bode expiatório de tudo. Logo eu! Não é justo. Al é um cidadão americano. Tem seus direitos, como qualquer um. A única coisa que faço é vender cerveja e uísque para os endinheirados. A única coisa que faço é fornecer às pessoas o que elas querem. Os tiras e os juízes estão todos metidos nesse meu negócio.

A única diferença é que eles dizem que são do bem! Prefiro um meliante trabalhador. Pelo menos é sincero!

Polícia e ladrão

Juízes corruptos e prefeitos ladrões

Al até que tinha razão nesse ponto. Ele não era nenhum anjo, mas também não fingia ser. E os tiras corruptos, os juízes subornáveis e os repórteres à venda? Al sabia muito bem como eles eram. Afinal de contas, ele lhes pagava uma fortuna de caixinha toda semana!

O exemplo mais divertido era Big Bill Thompson. Embora a bebida estivesse proibida, ele enchia a cara, em vez de dar o exemplo de respeito à lei. Afinal, ele era o prefeito de Chicago! Big Bill não escondia de ninguém que adorava tomar umas. Quando concorreu para a eleição em 1927, sabe qual era o seu slogan?

Sou mais encharcado que o oceano Atlântico!

Mais tarde uma investigação revelou que a maior parte dos seus fundos de campanha provinham de um tal de *mister* A. Capone. E era ele o político que proclamava: "Expulsei os criminosos de Chicago e vou expulsar de novo, se for eleito para a prefeitura!".

Os juízes eram igualmente corruptos. Certa vez, numa batida no consultório do dr. A. Brown, a polícia apreendeu alguns livros de registro valiosos. A. Brown, na verdade era Al Capone, e os frascos na sua prateleira não continham remédios, mas sim vinte tipos de bebida. Os livros de registro eram uma prova importante dos negócios escusos de Capone. E o que fez o juiz do caso? Convocou Capone para uma audiência secreta, na qual lhe devolveu em mãos os tais registros!

Al Capone e sua gangue

Num galho mais baixo da árvore, tiras e repórteres eram tão corruptos quanto os demais. Em junho de 1930 um repórter policial chamado Jake Lingle foi morto a tiros no hipódromo. A investigação do crime causou um escândalo. Descobriu-se que Lingle não era um repórter como os outros. Com um salário semanal de 65 dólares, ele vivia como um príncipe, até andava pela cidade numa limusine com motorista. Como conseguia? Agindo como intermediário entre as gangues e a polícia. O fedor do escândalo foi tamanho que o chefe de polícia teve de renunciar.

O crime organizado em Chicago começava com o prefeito e descia até os trombadinhas de rua. Políticos, polícia e bandidos trabalhavam de mãos dadas.

Tiras do bem

Encontrar um tira honesto em Chicago era mais difícil do que encontrar um trevo de quatro folhas no Maracanã. Porém, mais cedo ou mais tarde alguém tinha de enfrentar Al Capone. Esse alguém era um jovem de 26 anos, saído havia pouco da universidade, chamado Eliot Ness. Ness era o inimigo número um do Inimigo Público Número Um. Mandar Capone para trás das grades era a missão da vida dele. A maioria das pessoas acha que Ness acabou conseguindo pôr Al Capone para ver o sol nascer quadrado. Enganam-se. Quem inventou esse final feliz para a história foi ninguém menos que o próprio Eliot Ness. Anos depois, precisando ganhar urgentemente uma graninha (estava duro), Ness escreveu um livro sobre sua guerra contra Al Capone. Como era um sujeito modestíssimo, fez questão de se retratar como o grande herói. Intitulou-o *Os Intocáveis*, que virou uma série de grande sucesso na época da TV em preto e branco e, em 1987, um filmaço do diretor Brian de Palma.

Polícia e ladrão

A história não é bem como ele conta. Mas antes de contar o que de fato aconteceu, vamos ver a história do Eliot.

Eliot, o herói

Ness gostava de se representar como o mocinho que percorria a cidade em seu corcel branco, lutando com os bandidos. Bom, cavalo branco Eliot Ness nunca teve: ele era apenas um agente especial que trabalhava para o Departamento (= Ministério) de Justiça dos EUA. Era alto, bonitão, olhos azuis. Seus pais, noruegueses, batizaram-no assim em homenagem a George Eliot, provavelmente por serem fãs dos seus romances. Será que não sabiam que George Eliot na verdade era o pseudônimo da inglesa Mary Ann Evans?

Eliot resolveu ser agente especial porque achava uma profissão eletrizante e cheia de perigos. Perguntado por que aceitara a tarefa de caçar Al Capone, respondeu:

Quem não gosta de ação e aventura não deve entrar para a polícia. E, afinal, ninguém vive para sempre!

Ness percebia que o Departamento de Justiça não estava vencendo a guerra da Lei Seca. Não era preciso ser um gênio da matemática para entender por quê. Veja a situação de Chicago:

GOVERNO   X   CAPONE

300 AGENTES   1 000 GÂNGSTERES

Al Capone e sua gangue

Em quem você apostaria? Como se não bastasse a inferioridade numérica, Ness não podia contar com todas as suas tropas. Porque muitos dos agentes da Lei Seca na verdade tinham as mãos bem molhadas. Não que vivessem lavando a mão por serem muito limpinhos, é que recebiam dinheiro para dar uma cobertura aos traficantes de bebidas. O que era um problemão para Ness. Como ele ia caçar Capone se seus próprios agentes eram tão bandidos quanto o inimigo?

Ness resolveu o problema de um jeito bem hollywoodiano. Ele tinha de montar *o seu* bando de agentes, escolhidos a dedo. Foram estes que se tornaram conhecidos como...

Os Intocáveis

Por que ganharam esse nome de Intocáveis? Adivinhe.

a) Porque não suportavam que ninguém tocasse neles.

b) Porque sentiam cócegas.

c) Porque eram incorruptíveis.

Se você deu a resposta c), toque aqui: acertou! "Os Intocáveis" foi uma grife inventada pelos jornais ao ficarem sabendo que Ness tinha recusado (audácia do Eliot!) uma nota preta oferecida por Capone.

Polícia e ladrão

Ness sabia que o seu bando de agentes tinha de ser fora do comum. Para dizer a verdade, tinham é que ser de outro planeta. De outro modo, como é que um punhado de homens ia se dispor a enfrentar um exército de mil bandidos da pesada? Para encontrar esses homens, Ness começou enumerando as qualidades necessárias. Se ele tivesse posto um anúncio no jornal, teria saído mais ou menos assim.

---

para maiores informações. Não é necessária experiência anterior, mas tem de estar disponível imediatamente.

AGENTES ESPECIAIS — PRECISA-SE
Requisitos: solteiro, menos de trinta anos, disposto a trabalhar sem horário fixo por um ordenado ridículo. Os candidatos devem ser bons de tiro e de tapa. Tarimba em grampos telefônicos e experiência em seguir automóveis (sem a indiscrição de um elefante numa loja de louças). Aviso! Se você for aceito, vai ser alvo de atentados, correrá permanente risco de vida. Se acha esse trabalho eletrizante, você é o tipo de doido que procuramos.

Apareceram alguns malucos, mas Ness acabou limitando a lista de candidatos a nove homens. Esses nove, junto com o próprio Ness, tornaram-se os caça-gângsteres obstinados e implacáveis conhecidos como os Intocáveis.

O MONSTRO ELIOT NESS

Al Capone e sua gangue

Os Intocáveis podiam parecer um bando de doidos sem medo de nada, mas o próprio Ness estava apreensivo com o trabalho que iam iniciar. Capone tinha matado centenas de pessoas. Como Ness e seus homens poderiam ter êxito onde todos os outros haviam fracassado? De certo modo, também fracassaram. Afinal, não foram eles que mandaram Capone para o xilindró.

O homem do fisco

O cara que botou Capone em cana *não foi* o Eliot Ness. Foi um mocinho bem diferente. Nada de botas com esporas, cavalgadas nas pradarias e revólveres na cinta: um mocinho de paletó e gravata, careca, de óculos, que exercia seu heroísmo

Polícia e ladrão

num modesto escritório, entre pilhas de documentos chatos. Seu nome: Frank J. Wilson.

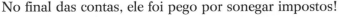

Se você o visse numa festa, na certa pensaria: "esse cara deve ser fiscal do imposto de renda".

E você teria acertado em cheio!

Foi ele que acabou prendendo Al Capone. Pois é, curiosamente Capone nunca foi preso por crime, nem mesmo por burlar a Lei Seca. No final das contas, ele foi pego por sonegar impostos!

Al nunca deu a menor bola para o fisco. Se deu mal.

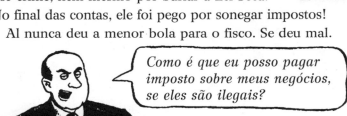

Wilson assumiu como missão da sua vida provar que Capone devia milhares de dólares de impostos. Como Al gastava dinheiro a rodo, você deve estar achando que não era muito difícil provar. Mas, como disse um agente da equipe do Wilson: "Era tão fácil quanto pendurar uma placa de 'fechado' na Lua".

Al não era nada bobo. Nunca punha o seu jamegão em nenhum contrato. Quando comprava uma casa ou um bar, botava em nome de um laranja. O caso era que, no papel, não dava para provar que Al tivesse um grãozinho de feijão em seu nome.

Al Capone e sua gangue

O trabalho do Wilson era ingrato. E o governo não o facilitava nem um pouco. Só lhe deram três assistentes e um cubículo apertado como escritório.

Como você está vendo, até agentes do fisco têm senso de humor!

FIQUE POR DENTRO
HART TIRO-CERTO

Nem todos os Capone eram gângsteres. O irmão mais velho do Al, Vincenzo, que tinha sumido do mapa em 1905, reapareceu em outro ramo de atividade. Por incrível que pareça, sabe o que ele era? Agente da Lei Seca! Pois é, enquanto Al faturava milhões com a bebida clandestina, Vincenzo prendia em Nebraska os traficantes de bebida.

Polícia e ladrão

Vincenzo mudou seu sobrenome para Hart, a fim de escapar da fama dos Capone. Mas, como seu irmão criminoso, Hart também era um bocado exibicionista. Costumava se vestir de caubói, com dois revólveres de cabo de madrepérola no cinturão. Tinha uma pontaria infalível com as duas mãos. Uma das suas brincadeiras favoritas era formar os três filhos em linha, cada qual com um cigarro na boca. Sacava, apontava e... bangue! bangue! bangue! Partia os cigarros ao meio! Os meninos arregalavam os olhos, e o paizão dava um tapinha na cabeça de cada um. Ele continuava sendo o tiro mais certeiro do Oeste.[4]

A batata do Al estava assando. O laço estava se apertando em torno dele. Al tinha varrido do seu caminho todos os seus inimigos da máfia, mas aquela pequena equipe de agentes do fisco estava se revelando inteligente demais para ele. Quem mandou ele não pagar seus impostos em dia?

4. ATENÇÃO: não tente fazer isso em casa! Se o seu pai vestir as velhas botas de caubói dele, saia correndo!

AL NO TRIBUNAL

Espiões, mentiras... e uma surpresa desagradável

Em 1929, a batalha estava em curso. A lei *versus* Al Capone.

Os planos de batalha estavam prontos. Ness e seus agentes punham-se em marcha para destruir o império de Capone, enquanto Frank Wilson fuçava calado os negócios do Al. Será que Al estava preocupado? Nem um pouco! Ele já tinha se livrado de inimigos mais perigosos do que esses. Perto de Dion O'Banion ou Hymie Weiss, Ness não passava de um pernilongo zumbindo no ouvido dele. Quanto à investigação do fisco, Al nem sabia da existência dela. Vai ver ele estava tão acostumado a ser o Número Um de Chi-

Al Capone e sua gangue

cago que se imaginava, ele sim, intocável. Ou vai ver que pensava nos milhares de dólares que pagava de suborno para não ser incomodado. Seja como for, o caso é que Al não percebeu que seu navio estava fazendo água.

A guerra entre Ness e Capone era um jogo de gato e rato. Só que, dessa vez, o rato era o Al. O primeiro round quem ganhou foram os Intocáveis.

DIÁRIO SECRETO DO ELIOT NESS
11 de abril de 1931

Uau! Ser agente secreto é demais! Ontem à noite demos nossa primeira batida numa cervejaria do Capone. Nunca vou me esquecer. Cara, eu não me divertia tanto desde o dia em que bati o carro do meu pai na garagem. Na batida de ontem tínhamos uma nova arma: nosso caminhão "caça-gângster" de dez toneladas. (Uma invenção genial, modéstia à parte.)

escadas para subir no telhado

limpa-neve para arrombar portas!

Quando entrei no caminhão, meu pulso tinha disparado. Eram cinco da manhã. Na rua reinava um silêncio absoluto, mas logo estaríamos fazendo um barulho capaz de acordar defunto. "Ok, rapazes", falei. "Vamos nessa!" (A vida toda eu quis dizer essa frase!) Engatamos a primeira, e o caminhão foi pelas ruas em direção à porta do depósito. Cara, batemos na porta como uma locomotiva a vapor.

VRAAM!

Al no tribunal

> O limpa-neve rasgou a porta como se ela fosse de papel.
> Lá dentro os homens do Capone corriam como coelhinhos assustados. Não entendiam o que estava acontecendo. Vai ver eles imaginavam que Eliot Ness ia bater educadamente na porta da frente! Dei-lhes uma boa lição.
> Capturamos seis homens e dois caminhões. Acho que destruímos uns 100 mil dólares em equipamentos de cervejaria. Fiz os caras da imprensa tirarem um monte de fotos (especialmente a do papai aqui prendendo sozinho os seis pilantras). Pedi uma dúzia de cópias para mim.

Modéstia, vocês já sabem, não era uma das características do Ness. Ele adorava que todo mundo ficasse sabendo das suas aventuras. Só para ter certeza, ele sempre convidava os repórteres quando ia dar uma batida. Assim, as manchetes do dia seguinte eram todas sobre os Intocáveis e sua última vitória. Ness tendia a exagerar sua própria importância. Apesar disso, a gangue do Capone achou que ele precisava de uma advertência. No dia seguinte ao da batida na cervejaria, ele recebeu uma.

Al Capone e sua gangue

DIÁRIO SECRETO DO ELIOT NESS
12 de abril de 1931

Mais uma tarde emocionante. Tudo aconteceu quando eu levava minha namorada, Edna, para dar uma volta no campo. A coisa começou a ficar animada quando notei que um carro estava nos seguindo. Deixei Edna em casa, acompanhei-a até a porta e voltei para o carro. Mal entrei, percebi um clarão vindo da rua. Meus instintos aguçados me salvaram. Eu me abaixei justo no momento em que o vidro da janela do motorista se estilhaçava ao som de um tiro de revólver. Minha cabeça nem precisou comandar, meu pé pisou por conta própria no acelerador, e o carro arrancou cantando pneu. Bem a tempo: outra azeitona arrebentou o vidro da janela traseira.

Dirigindo como um louco, dei a volta no quarteirão. (Agora, sim, as coisas estavam ficando excitantes! E eu estava começando a me divertir pra valer.) A essa altura, já tinha sacado a minha arma. Dei a volta completa para alcançar por trás o carro que me emboscara. Agora era a minha vez. Mas o assassino tinha sumido na noite. Que decepção! Nada me agrada mais do que uma boa troca de tiros em alta velocidade!

Al no tribunal

> Voltando para casa, minha cabeça foi tomada por um turbilhão de ideias. Alguém tinha tentado me matar. Isso me enchia de orgulho, é claro! Eu, com meus 26 anos, alvo da gangue mais violenta de toda a América! Que maior emoção a vida podia me dar? Mal consigo esperar amanhã para poder contar aos rapazes o que me aconteceu. Cara, eles vão morrer de inveja!

Ness resolveu repetir a dose pouco depois. Mas quando irrompeu com seu caminhão-trator na cervejaria seguinte do Capone, olhem só o que encontrou:

Você pode imaginar com que cara ele ficou...

Al não demorou muito para conseguir se antecipar aos passos do inimigo. Porque, se Ness podia oferecer recompensas em troca de informação, Al também podia. E, nem é preciso dizer, as recompensas do Grandão eram bem maiores. Quem soubesse de uma batida dos Intocáveis só precisava dar a dica para o Al Capone, e embolsaria o sedutor prêmio de quinhentos dólares.

Enquanto isso, Al experimentava outro velho truque. Se não dava para apagar o Ness, quem sabe Al poderia *pagá-lo*. Assim, um belo dia "o Garoto" entra no escritório do

Al Capone e sua gangue

Ness. O Garoto era um dos informantes do Ness. Dessa vez, não era uma informação que ele trazia, mas um recado de Al Capone, num envelope que deixou na mesa do Ness. Quando Ness abriu, adivinhe o que encontrou? Se você pensou em duas notas de mil dólares, acertou na mosca.

"Disseram que se você os deixar em paz, vai receber a mesma coisa toda semana", explicou o Garoto. Fulo da vida, Ness enfiou a propina no bolso do Garoto.

> *Posso ser filho de um padeiro pobre, mas não preciso desse tipo de dinheiro. Agora volte já para lá e repita àqueles ratos o que acabei de dizer. E trate de devolver até o último centavo deste dinheiro, senão eu pico você em pedacinhos!*

Em todo caso, foi isso que Ness contou no livro dele. Na vida real, é provável que ele não tenha sido tão eloquente. Quando saiu do trabalho naquele dia, Eliot sofreu um derradeiro insulto. Seu carro tinha sido roubado. Se você adivinhar quem mandou roubar... não ganha nada.

Al no tribunal

Ness e sua equipe continuaram com as batidas o ano todo. Isso valeu a pena. Em 1932, os Intocáveis haviam dado a Capone um prejuízo de milhões de dólares, fechando cervejarias, derramando milhares de galões de cerveja e apreendendo vários caminhões de entrega.

Ness até teve a petulância de desfilar com os caminhões bem em frente ao QG do Al no hotel Lexington. Se a intenção era deixar o Grandão bufando de ódio, funcionou direitinho. Al ficou tão furioso que quebrou uma cadeira, só de raiva.

Espiões e disfarces

Ness descreve a si mesmo como o astro do show. Mas ele não foi o único a correr riscos. Lembra do agente do fisco, Frank Wilson? Ele havia passado dois anos tentando descobrir documentos capazes de provar a renda milionária do Al. Mas Wilson não conseguia levantar provas e estava quase entregando os pontos. Até que teve um estalo: e se um agente se infiltrasse na gangue do Capone? Assim ele obteria informações sobre tudo o que o inimigo fazia. O agente escolhido para esse trabalho perigosíssimo foi Mike Malone. Malone era um cara baixinho, de cabelos negros de azeviche e um sorriso cativante. Podia passar facilmente por italiano ou grego. Mas passaria por gângster? Sua vida dependia disso.

Al Capone e sua gangue

Malone mandava relatórios secretos a Wilson. Deviam ser mais ou menos assim.

ULTRACONFIDENCIAL

Assunto: Al Capone
Data: 12 de agosto de 1930
Agente: Mike Malone
Codinome: Mike de Angelo

Estou dentro! Foi difícil e arriscadíssimo, mas agora sou um elemento pago do bando do Capone. Fiquei uma semana fazendo ponto no bar do Lexington. Trajava ternos chamativos, anéis nos dedos, lia jornal. Me senti o próprio gângster. A questão era a seguinte: será que os caras do Capone também iam achar que eu era?

Uma noite eles morderam a isca. Um dos elementos veio falar comigo no elevador. "Queremos saber qual é a sua", rosnou. "Você parece foragido de outra cidade, quem sabe não topa uma proposta."

Não perdi a deixa. "Olha, posso até topar, mas tem de ser boa. Se quer saber por que vim bater aqui, é que achei que talvez pudesse arranjar alguma coisa com o Grandão."

O cara disse que precisaria averiguar umas coisas a meu respeito. Esperei uns dias torcendo para que o meu disfarce colasse. Se não colasse, sabia perfeitamente que iria ganhar um belo pijama de madeira. Mas logo recebi do próprio Capone um convite para uma festa. Já tinha ouvido falar das festas do Scarface. Ele é o tipo do cara que oferece boa mesa e bom vinho ao convidado, e depois do jantar um taco de beisebol. Na cabeça.

Al no tribunal

Vai ver que era isso que ele tinha em mente para mim. Podem apostar que não preguei os olhos na véspera.

Scarface estava na festa de traje a rigor e gravata-borboleta. Em carne e osso, ele impressionava. Um olhar penetrante de gelar a espinha. Por um instante, pensei que ele tivesse sacado que eu era um espião. Mas por fim esticou a mão e me deu um tapinha no ombro.

"O que você anda fazendo, Mike? Meus rapazes disseram que está procurando trabalho."

Começo hoje como crupiê numa mesa de pôquer de uma das casas de jogo do Capone. Vou ficar de olhos e ouvidos bem abertos.

Malone não demorou muito a ter informações vitais para enviar ao seu chefe. Certa manhã, ele ouviu dois homens do Capone falarem que "iam cuidar" de alguém. A vítima estava hospedada no hotel Sherman. Malone entendeu que se tratava do seu próprio chefe, Frank Wilson! Correndo risco de vida, telefonou para o quarto de Wilson no hotel e lhe disse para cair fora de lá rapidinho. O recado salvou a vida de Wilson. Naquela noite, seu corpo teria sido jogado no rio com um peso amarrado nos pés.

Al Capone e sua gangue

Pouco depois outro agente, chamado Graziano, juntou-se a Malone. Foi Graziano que descobriu as provas vitais que iriam derrubar Al Capone.

ULTRACONFIDENCIAL

Assunto: Al Capone
Data: 4 de outubro de 1930
Agente: Graziano

Meu trabalho é checar as entregas de cerveja de Capone. Ontem conversei com um dos homens de Capone sobre uma batida na tabacaria Hawthorn, que aconteceu alguns anos atrás. O elemento tirou o maior sarro da gente. Dizia: "Os caras do fisco são uns tapados. Eles saíram de lá com um tremendo livro-caixa que teria mandado o Grandão pra trás das grades, mas eram otários demais para perceber". Não pude arrancar mais nada sem me expor mais que o recomendável. Vai ver que não é nada. Tem ideia do que pode ser?

Se tinha ideia? Fazia dois anos que Wilson tentava encontrar provas sobre os rendimentos de Capone. Só então percebeu que as provas estavam com ele aquele tempo todo! Por vários dias revirou o escritório em busca do "tremendo livro-caixa". Quando já estava desistindo, achou. Eram três livros negros onde estavam registrados os ganhos do Grandão com a jogatina. Assim que Wilson analisou os números, soube que havia chegado o dia do juízo final para Al Capone.

Al no tribunal

Al Coração de Ouro

Al tinha sido posto contra a parede. Era só uma questão de tempo até ele ser levado a juízo. O que podia fazer? Como era típico dele, Al resolveu que o jeito de resolver o problema era, como sempre, a popularidade. Com a história do Dia de São Valentim, a imagem pública do Al tinha sido seriamente arranhada. Mas Al sabia que o dinheiro podia comprar uma porção de coisas, entre as quais a popularidade. Lembre-se de que tudo isso acontecia na década de 1930, quando muita gente estava precisando de uns trocados. Chicago não era mais a cidade em pleno desenvolvimento da década de 20. E, como o resto dos EUA, tinha quebrado com a Grande Depressão.

Os anos 20 ficaram conhecidos como os *"roaring twenties"*, os trepidantes anos 20. Mas a década seguinte poderia ser chamada de os "tropeçantes anos 30". A década de 20 foi uma época de grande efervescência. Foi a era do jazz, da vida louca e do enriquecimento vertiginoso (veja o Al Capone).

A maioria dos americanos achava que essa era ia durar para sempre. Muitos aplicaram todas as economias na bolsa. Até os bancos assumiram riscos enormes, também atacados pela febre de ganhos fabulosos. Um dia a bolha ia estourar. E estourou na célebre Quinta-Feira Negra, 24 de outubro de 1929. Milhões de pessoas viram todas as suas economias derreterem que nem sorvete ao sol de verão. Num só dia, a bolsa de Nova York perdeu 4 BILHÕES de dólares! A Quinta-Feira Negra foi o pontapé inicial da Grande Depressão.

Al Capone e sua gangue

Seguiram-se anos de terrível pobreza. Em 1932:
- Um em cada quatro americanos estava desempregado.
- Dez mil bancos desapareceram.
- O preço dos produtos agrícolas despencou para a metade do que eles valiam em 1929.

Os agricultores empobrecidos perderam suas casas e suas terras. Migraram para o Oeste, em caminhões caindo aos pedaços, à procura de trabalho, só para descobrir que trabalho não havia. Surgiram medonhos cortiços na periferia de todas as cidades.

Chicago foi uma das mais afetadas. Bem quando a cidade precisava de dinheiro, descobriu-se que o dinheiro tinha sumido. Aonde foi parar? Nos bolsos do nobre prefeito, ora essa! Big Bill Thompson tinha despesas elevadíssimas (uísque, cerveja, conhaque etc.), de modo que metia a mão no caixa do município. Os tempos ficaram difíceis até para os gângsteres, porque as pessoas estavam duras demais para comprar cerveja e uísque clandestino. O pouco que tinham, gastavam comprando pão, para tapear a fome.

Numa época de desastre nacional, adivinhe quem podia ajudar os pobres e famintos de Chicago?

Al no tribunal

Al Coração de Ouro tinha um saco de dinheiro e queria compartilhá-lo com os necessitados. Abriu um restaurante popular em Chicago, onde distribuía sopa grátis para 5 mil pessoas por dia. Foi um grande gesto, que conquistou para Al a simpatia de um grande número de pobres.

É claro que Al não fazia isso por simples bondade. Ele achava que, se fosse um ídolo popular, não seria posto em cana.

À medida que o julgamento se aproximava, Al ia reforçando sua imagem de homem de bom coração. Se ele precisasse, arranjaria uma montanha de cartas de recomendação.

Aqui vão duas que poderiam muito bem ter sido escritas. (As histórias são verídicas.)

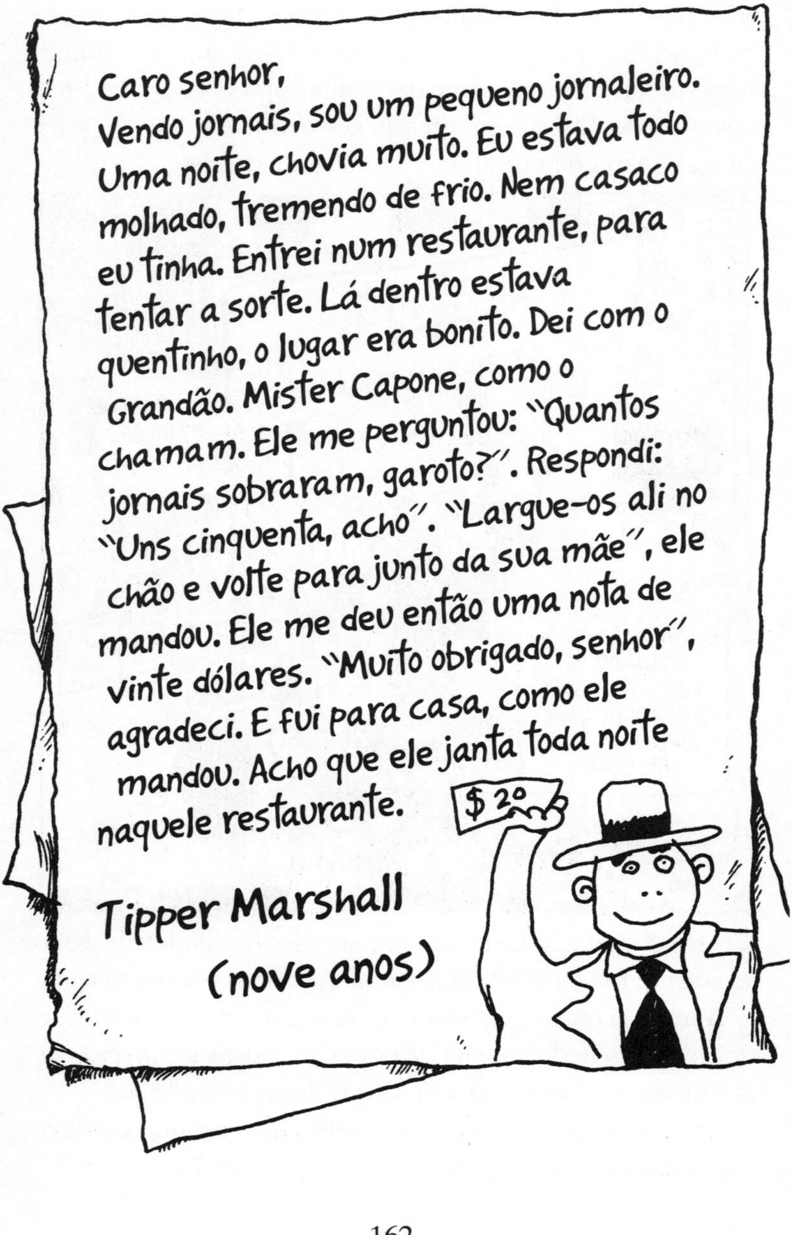

Al Capone e sua gangue

Caro senhor,
Vendo jornais, sou um pequeno jornaleiro. Uma noite, chovia muito. Eu estava todo molhado, tremendo de frio. Nem casaco eu tinha. Entrei num restaurante, para tentar a sorte. Lá dentro estava quentinho, o lugar era bonito. Dei com o Grandão. Mister Capone, como o chamam. Ele me perguntou: "Quantos jornais sobraram, garoto?". Respondi: "Uns cinquenta, acho". "Largue-os ali no chão e volte para junto da sua mãe", ele mandou. Ele me deu então uma nota de vinte dólares. "Muito obrigado, senhor", agradeci. E fui para casa, como ele mandou. Acho que ele janta toda noite naquele restaurante.

Tipper Marshall
(nove anos)

Al no tribunal

Caro senhor,

Sou cantor. Meu nome é Harry Richman. Certa noite Al Capone veio ver o meu show. Não me envergonho de lhe confessar que eu estava tremendo que nem vara verde. Depois da minha apresentação, ele foi ao meu camarim e me deu um forte abraço. "Richman, você é o máximo!", trovejou.

Eu gostava de andar por aí com algumas notas de mil. Acenava com elas nos restaurantes, para impressionar os garçons. Mas comecei a ser assaltado na rua. Cada vez que eu saía do espetáculo, aparecia um assaltante apontando uma arma para mim. Era um pesadelo. Contei meu problema ao sr. Capone. "Deixe comigo", ele disse.

O sr. Capone me levou para dar um giro. Quando voltamos para o escritório dele, encontrei um pacote à minha espera. "As suas coisas", disse Capone. Abri o pacote. Dentro dele estavam minhas joias e minhas notas de mil. Parecia mágica. Capone estalava os dedos, e pronto! Tentei agradecer, mas ele não me deu atenção.

"Esqueça, rapaz", ele falou. "Você é um grande artista. Amo você como se fosse um irmão." Al Capone era assim. Uma generosidade incrível — e que poder!

Harry Richman *(astro do teatro de revista)*

Al Capone e sua gangue

Havia centenas de histórias (reais) sobre a generosidade do Al.

Claro, Al sabia que essas histórias só podiam fazer bem à sua imagem. A mensagem que ele queria passar para o distinto público era bem simples: ele não era nenhum monstro durão, era gente finíssima. O Al tinha mesmo um coração de ouro. Para ser mais preciso, tinha rios de dinheiro. Mas será que isso ia ajudá-lo na hora do julgamento? Al achava que sim. Tanto que nem se preocupava com o processo. Afinal, já tinha enfrentado um monte de acusações antes. E dedicara um bom tempo preparando sua defesa. O que, no caso dele, significava única e exclusivamente uma coisa: "armar um esquema".

Al no tribunal

DIÁRIO SECRETO DO AL 2 de junho de 1931

Quer dizer que os agentes do Fisco acham que vão mandar o Al passar uma longa temporada na jaula, né? Podem achar. Al já passou uma e não tem a menor intenção de passar outra. Já armei com os meus advogados um esquema para me tirar da cadeia. É muito bem bolado, modéstia à parte.

1. Mandar os rapazes fazerem uma visitinha aos tiras do Fisco. Só pra ver como reagem quando eles é que levam uma prensa.

2. Descobrir o nome dos jurados e propor um acerto: um docinho pra eles, uma sentencinha pra mim. Assim todo mundo fica satisfeito.

3. Se nada disso funcionar, fazer um acerto com a promotoria. Um milhão de dólares deve bastar. Não estou querendo corromper ninguém, só acho que eles podem precisar de uma ajudazinha para chegar à decisão correta. A decisão correta pra mim, é claro.

Dessa vez, o esquema do Al não funcionou. Ele não teve escolha: ia ter de encarar o julgamento.

Al Capone e sua gangue

CHICAGO URGENTE

30 de julho de 1931

JUIZ AFIRMA: NÃO TEM ACORDO COM CAPONE

O caso Capone teve hoje uma sensacional reviravolta, quando o juiz declarou que a justiça não estava à venda. Isso é uma extraordinária novidade para Al Capone. No passado, ele sempre conseguiu escapar da justiça distribuindo propinas. Capone ficou perplexo, até perdeu a fala.

O rei do crime em Chicago parecia confiante quando se apresentou no tribunal. Trajava um terno verde-alface e, na cabeça, um chapéu branco. Capone havia assumido a culpa em troca de uma sentença mais branda. Seu advogado, Albert Fink, declarou: "Entendemos que foi selado um acordo. Se nosso cliente se confessasse culpado, teria sua pena reduzida. Dois ou três anos no máximo. A atitude do juiz é chocante. Vão todos pensar que ele não quis ajudar o Al!".

O juiz Wilkerson deixou claro que não estava descumprindo acordo nenhum. Furioso, ele declarou à corte: "Já é hora de alguém ensinar à defesa que é impossível barganhar com a justiça."

Quem sabe Capone vá ter, por fim, de pagar por seus crimes. O povo de Chicago já está cheio das suas artimanhas. Ele não pode mais ficar acima das leis. O julgamento começa dia 6 de outubro. Promete ser o julgamento do século.

Al no tribunal

O rei da cuca fresca

Durante o julgamento, os jornais ficaram impressionados com as roupas do Al. Sempre que estava sob os holofotes, o Grandão caprichava na aparência.

No dia da abertura do seu processo, Al se vestiu com a maior discrição (para ele).

Cada dia o Al aparecia com um terno de cor diferente. Roxo, verde-garrafa, amarelo... Al nunca repetia a mesma roupa, e parecia estar sempre com a cuca tão fresca quanto uma laje de túmulo. A fortuna que ele gastou com o figurino até se tornou parte do caso. A certa altura, o vendedor de uma loja de roupas contou ao tribunal que Al só usava roupas de baixo de seda italiana. A audiência deu risada, e Al ficou vermelho da cabeça aos pés. O rei do crime de Chicago não estava acostumado a ouvir as pessoas discutindo as cuecas dele em público!

Al Capone e sua gangue

Mesmo depois de já iniciado o julgamento, Al achava que ia conseguir se livrar das grades. Afinal de contas, ele tinha contratado os melhores advogados e, além do mais, guardava um trunfo na manga: o júri tinha sido subornado com dinheiro vivo, ingressos para luta de boxe, o que os jurados quisessem. Eles não podiam declarar o Al culpado, podiam?

Se pudéssemos ler o que Al Capone anotou em seu diário secreto durante o julgamento, descobriríamos que o sr. Cuca-Fresca não demorou a suar frio.

DIÁRIO SECRETO DO AL

Terça, 6 de outubro de 1931 (primeiro dia no tribunal)

Um forno! Superlotado! Tiras por toda parte. (São quarenta só para me escoltar até o tribunal. Cara, como eles estão nervosos!) A sala de audiências está entupida de repórteres e curiosos que vieram assistir ao show.
As coisas iam bem até o júri ser chamado. Fink, meu advogado, ficou lívido. Não tinha um só jurado da nossa lista! Você sabe a trabalheira que meus rapazes tiveram para comprar aqueles caras? Eu custei para chegar a um acordo que contentasse todo mundo. E o que aconteceu? O juiz trocou os jurados pelos de outro caso! É isso que é jogar limpo? É isso que é justiça? Só se minha santa avó for bicicleta!

Quinta, 8 de outubro de 1931

Mandei meu alfaiate vir ao Lexington. Preciso de mais uns ternos para o julgamento. Um homem na minha posição tem de pensar no seu público. Ninguém vai poder dizer que o Al parecia um maltrapilho no tribunal. Enquanto ele tira as minhas medidas, Frankie Rio banca o engraçadinho. "Pra que encomendar roupa chique?", ele provoca. "Você vai em cana mesmo. Por que não manda fazer um terno listrado?"

"Vá para o inferno!", berrei. "Eu vou é para a Flórida descansar por um tempo. Você vai ver."

Sexta, 9 de outubro de 1931

Sabe de que resolveram falar hoje? Da Flórida! Como Al pagava sua casa em Palm Island, os barcos, a piscina, as festas, tudo. Eles deram uma prensa no gerente do Western Bank, para que ele me entregasse. Mas o coitado teve uma perda súbita de memória. Que escândalo, não? Ficaram espetando o cara com perguntas, mas não houve meio de ele lembrar quem mandava as ordens de pagamento que vinham de Chicago. Vai ver que é a tal da amnésia. Branco pode dar em qualquer um, não é? Ainda mais quando esse qualquer um percebe que tem um dos meus rapazes sentado bem na frente dele, com uma arma debaixo do casaco.

Al Capone e sua gangue

Quinta, 15 de outubro de 1931

Só mais dois dias. Acho que deixamos os caras no mato sem cachorro, mas não foi fácil. Hoje chamaram Oscar Guttie para depor. Oscar é bookmaker. Ele contou que só num ano perdi 60 mil dólares apostando em pangarés. Perdi essa grana toda, e ainda querem que eu pague impostos! Eles é que deviam me pagar!

Sábado, 17 de outubro de 1931

Entramos na reta final. Fink foi o primeiro a falar, resumindo o caso para o júri. Pôs os pingos nos is. Al não é nenhum mão de vaca. Não é desses caras que só pensam em passar a perna no governo. Al é desses caras que nunca deixam os amigos na mão. Isso até mexeu comigo. Meus olhos se encheram tanto de lágrimas que até tive de sacar o lenço.
O nojento do Johnson falou em seguida pela acusação. Do jeito que ele apresentava as coisas, o Al nunca tinha feito nada para ninguém, ninguém além de si próprio. Ai, que vontade de arrebentar as fuças daquele cara! E daí que eu comprei algumas dúzias de camisas de seda? E daí que eu gastei sei lá quanto na fivela de diamantes do meu cinto? Será que um cara não tem mais o direito de se vestir bem? Ninguém é mais mão-aberta do que

Al no tribunal

> Al Capone. Quer saber? Deviam erguer uma estátua para mim na frente da prefeitura.
> 14h40 O júri se retirou. Sem me olhar nos olhos. Vai ver que estão com a vista cansada.
> 22h Nada ainda. Essa espera está me enlouquecendo. Por que demoram tanto? É só olhar para mim para ver que sou inocente!

Quando o júri finalmente voltou, Al ouviu as palavras que temia.

O juiz condenou Al Capone a onze anos de prisão. Durante todo o julgamento, o Grandão ficara sorrindo para a audiência. Agora o sorriso tinha sumido. Onze anos! Ele esperava três, na pior das hipóteses. Era a maior pena já pronunciada por sonegação de impostos.

No fim das contas, foi por ser famoso de morrer que Al se deu mal. Ele não foi condenado apenas por sonegação fiscal. Pegou onze anos porque o juiz e o júri sabiam que ele era o maior gângster, traficante de bebidas e assassino de Chicago. "Isso foi golpe baixo", reclamou Al. "Mas o que você pode esperar, quando a comunidade inteira trata você de forma preconceituosa?"

CAPONE EM CANA

Prisões, alcatrazes e demência

Da última vez que tinha ido parar na prisão, Al cumprira a pena cercado de luxo. As coisas desta vez seriam diferentes. Ele não era mais Al Capone, o chefão do crime organizado. Atrás das grades, ele era apenas o prisioneiro 40822.

PRISIONEIRO 40822

CRIME:	sonegação fiscal
SENTENÇA:	11 anos
IDADE:	33 anos
PROFISSÃO:	jogador, extorsionário, traficante de bebidas... é só escolher

Ao chegar ao presídio de Atlanta, Al teve de tocar piano (entenda: tiraram suas impressões digitais) e foi fotografado. Trocou suas roupas extravagantes pelo uniforme de presidiário e teve o cabelo cortado à moda da casa (entenda: foi escalpelado).

Al só ficou em Atlanta os dois primeiros anos. Nem podia imaginar que seria a parte mais sossegada da pena. O pior estava por vir. Al certamente teria registrado assim em seu diário secreto as suas impressões sobre esses anos:

DIÁRIO SECRETO DO AL
28 de maio de 1932

Novamente no xadrez. Cara, como fede! Uns panacas mandam o Al Capone para esta ratoeira nojenta, e o Al vai ter de gelar as canelas aqui onze anos seguidos. Onze anos! É mole? Como é que alguém aguenta isso sem pirar? Os caras daqui me ofereceram uma senhora recepção. Batiam nas grades das celas e aplaudiam que nem doidos. Até parecia que o campeão mundial dos pesos pesados é que estava chegando. Pelo visto, até num buraco perdido como este eu sou famoso. Me jogaram numa cela com oito outros caras. Dá pra acreditar? Será que não sabem quem sou? Por sorte, um dos meus colegas de cela é um velho amigo. Rusty Rudensky, um dos melhores arrombadores de cofre da praça. Cara, como fiquei feliz ao ver esse bicho! Logo encarreguei Rusty de fazer uns trabalhinhos pra mim. A prisão é igual a outro lugar qualquer. Quem tem grana sempre consegue se virar.

Capone em cana

> Rusty instalou meu "banco" dentro de um cabo de vassoura oco. Quebra o maior galho. Ontem mesmo, um par de cretinos achou que ia acabar com Al Capone. Me pegaram na hora do rango e me bateram um pouco. No dia seguinte, os dois panacas levaram o troco. Pelo que ouvi dizer, vão passar umas semanas no hospital. Al pode estar em cana, mas continua sendo o Al.

O dinheiro do Al funcionava na prisão exatamente como antes, em Chicago. Ele tinha uma equipe de capangas que o acompanhava por toda parte. Durante o recreio, se Al quisesse jogar uma partida de tênis, bastava ele apontar para o preso com o qual queria jogar. Era o sinal para o outro tenista passar a raquete para ele e sair rapidinho da quadra. No beisebol, Al se achava um craque.

> *Modéstia à parte, sou um senhor arremessador e um ótimo primeira-base.*

Infelizmente ninguém concordava com ele. O gordo chefão não conseguiu entrar no time de beisebol da prisão, nem mesmo pagando caro pelo lugar.

No fim das contas, a vida de Al na prisão de Atlanta até que era suportável. Mas não durou muito. O governo tinha acabado de construir uma nova superprisão para abrigar os piores criminosos — sequestradores, assassinos e gângsteres —, como Capone. Em agosto de 1934, Al foi transferido para a nova penitenciária. Um lugar que ele não iria esquecer.

Al Capone e sua gangue

Bem-vindo a Alcatraz

> *Alcatraz é uma prisão de silêncio eterno. Nenhum prisioneiro pode falar, a não ser em certo período autorizado, uma vez por semana, da uma às três e meia aos sábados. É o suficiente para enlouquecer qualquer um.*

Era assim que um interno descrevia a prisão em 1935. Imagine como devia ser. Seis dias por semana de silêncio total. E além do silêncio havia a disciplina rígida, as punições perversas e a certeza de que você nunca conseguiria escapar. Alcatraz ficava numa ilha a uns dois quilômetros e meio de San Francisco. Você já deve ter adivinhado por que os espanhóis (essa parte da América do Norte foi espanhola, antes de passar para os EUA) lhe deram esse nome: porque tinha um montão de alcatrazes, aquela grande ave marinha que

no Brasil também chamamos de "fragata". Veja por que era impossível escapar de lá.

Contando o tempo

Durante a estada do Al, cinco prisioneiros tentaram dar no pé. Um foi morto, um ferido e outro recapturado antes que conseguisse escapar da ilha. Os outros dois nunca foram encontrados, nem mortos nem vivos. Provavelmente se perderam no nevoeiro e se afogaram no mar gelado.

O homem que administrava a prisão era um tal de James A. Johnson. Os presidiários o chamavam de Johnson Pé de Gato, porque Johnson era doce como um tigre com dor de dente. Ele determinou logo de saída que o prisioneiro nº 85 não devia ter nenhuma regalia. Al ganhou uma cela individual, mas não era exatamente uma suíte de hotel cinco estrelas. Seu quarto media menos de três metros por um e meio — não caberia metade da família (aliás, o regulamen-

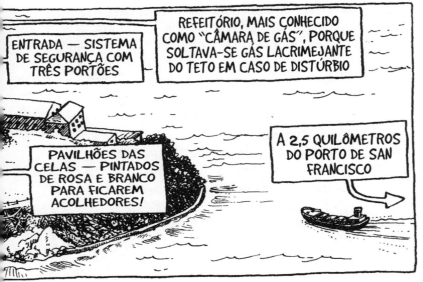

Al Capone e sua gangue

to não permitia receber ninguém). Além do catre, o único móvel era uma mesa de dobrar, uma pia de metal e um toalete. O sanitário não tinha assento, porque o diretor não queria que os prisioneiros tivessem conforto nenhum.

Privacidade também não havia nenhuma: quando você sentava no trono, podia ver um preso do outro lado fazendo as suas necessidades (as dele).

Na silenciosa e sombria Alcatraz, cada dia era igualzinho ao outro. Não é de espantar que essa rotina fizesse muitos prisioneiros pirarem. Nenhum deles podia usar relógio. A vida era controlada por campainhas.

DIÁRIO SECRETO DO AL
31 de agosto de 1934
6h30 – A campainha me acorda para mais um dia neste buraco dos infernos.
6h50 – Campainha. Café da manhã no refeitório em silêncio. Café, bolo, cereais. Se não comer tudo, no dia seguinte fica sem comida.
7h00 – Trabalho: girar a prensa da roupa lavada na lavanderia fedida e quente.
11h00 – Campainha. Pausa. Campainha. Mais prensa.
11h30 – Campainha. Contagem dos hóspedes.
12h00 – Campainha. Almoço.
13h00 – Campainha. Adivinha pra quê? Voltar ao trabalho!
16h30 – Campainha. Nova contagem. Ninguém escapou. Que alívio, não?
17h30 – Campainha. Jantar.

Capone em cana

> 18h00 – Campainha. Voltar aos pavilhões para contagem (de novo!).
> 18h30 – Campainha. As celas são trancadas. Nada de jornal, rádio, conversa. Al deita no seu catre e deseja estar em qualquer outro lugar do mundo, longe desta ratoeira.
> 21h30 – Campainha. As luzes são apagadas. Acaba mais um dia. Faltam só mais 3001.

Jazz pauleira

Sábado e domingo eram dias de diversão em Alcatraz. Os prisioneiros tinham uma pausa na rotina sufocante por duas horas, durante a tarde. Finalmente, podiam falar! Depois de todos aqueles dias em que nada acontecia, dá para imaginar as conversas.

Para suportar melhor aqueles dias longos e monótonos, Al voltou-se para sua velha paixão: a música. Não podia ir à ópera nem ouvir jazz, mas uma coisa podia fazer: tocar na banda. Só que havia uns probleminhas. Primeiro, em Alcatraz não tinha banda; depois, Al não sabia tocar uma só nota. Mas ele não desanimou. Levou sua ideia ao diretor

Al Capone e sua gangue

Johnson. Até se dispôs a comprar os instrumentos para os colegas. Clarinetes, trombones, trompetes, contrabaixo — dinheiro não era problema, ele tinha de sobra. O diretor Johnson pensou dois segundos e deu a resposta de sempre: não!

Mas Al não desistia assim facilmente. Continuou pedindo por um ano inteiro, até que por fim conseguiu o que queria. O diretor deu licença para a banda tocar vinte minutos por dia, mas cada prisioneiro tinha de comprar seu próprio instrumento. O conjunto de Alcatraz não era a melhor banda da praça, mas era sem dúvida a mais perigosa.

Capone em cana

Por algum tempo tudo correu bem. Mas harmonia é o tipo de palavra que bandido não entende. Mais cedo ou mais tarde alguém ia sair do tom. E quem saiu foi o Al. Insatisfeito com o banjo, resolveu comprar um bandolim. O que deixou o resto do bando, digo, o resto da banda morrendo de inveja. Espalharam o boato de que Al tinha pago seiscentas pratas pelo bandolim.

Logo depois, o pau comeu durante um ensaio. Tudo começou quando o Al xingou o Harmon Waley por estar soprando o sax bem no seu ouvido. O jovem sequestrador esperou Al virar de costas e, sem querer querendo, acertou o sax na cabeça do Grandão. Os dois se engalfinharam, rolaram no chão trocando gentilezas. Depois disso, nunca mais a banda voltou a tocar junto. Cada um seguiu carreira solo.

O Buraco

Como você sabe, o diretor Johnson não sentia grande apreço pelos criminosos. Achava que só havia uma maneira de lidar com eles: tratá-los à força bruta. Transformar homens maus em homens bons é uma ideia que nunca lhe passou pela cabeça. Para que perder tempo com meros criminosos?

À noite ele mandava os guardas treinarem tiro ao alvo no pátio do presídio. Os alvos eram silhuetas humanas de madeira. Na manhã seguinte lá estavam os alvos crivados de balas, largados no pátio como sinal de advertência. Se alguém estivesse pensando em fugir, era bom pensar duas vezes.

Os guardas não podiam espancar os prisioneiros. E se

um interno criasse caso, o que eles podiam fazer? Bem, havia várias outras formas de castigo:

O Buraco era a câmara de tortura de Alcatraz. Em vez de paus de arara e instrumentos do gênero, Johnson bolou coisa bem pior. O ESCURO. Quando a porta de aço se trancava às suas costas, a vítima se via na mais completa escuridão. A cela minúscula não tinha nada, salvo um colchão e uma latrina turca (um buraco no chão). Imagine-se 24 horas por dia, sete dias por semana, largado sozinho no negrume mais profundo. As únicas coisas que davam para você eram pão e água, empurrados para dentro por uma abertura na porta.

Desrespeitar uma regra da prisão resultava em três dias de castigo no Buraco. Atacar um guarda podia valer semanas dessa tortura. Dezenove dias era tido como o máximo que um prisioneiro era capaz de aguentar. Mas um preso que atacou Capone ficou trancafiado no Buraco *seis meses a fio*! Não é de espantar que tenha saído de lá totalmente pinel.

Não demorou muito para Alcatraz ter mais loucos do que um hospício. A rotina imbecilizante e as frequentes visitas ao Buraco deixaram muitos prisioneiros doidos varridos. Um interno berrava alucinadamente cada vez que um avião passava por cima da ilha. Outro andava com uma porção de toalhas enroladas na cabeça. Não porque tivesse lavado o cabelo, mas porque estava tentando se proteger de "torturadores invisíveis". O preso nº 284, Rube Persfal, foi mais longe. Certa manhã ele catou um machado e decepou todos os dedos da mão esquerda, gargalhando como uma hiena. Depois pediu a um guarda que lhe cortasse a mão direita. Foi levado para o hospital e nunca mais se ouviu falar dele.

Lelé Capone
Como o preso nº 85 estava se dando naquela ilha de loucos? Um ano em Alcatraz deixou várias marcas visíveis em Al Capone. Ele se tornou apenas uma sombra do homem topetudo que era antes.

A verdade é que Al Capone estava enlouquecendo aos poucos. Ele perambulava atordoado, cantando em voz baixa, falando sozinho.

Se você pudesse dar uma olhada no seu diário secreto de 1935, logo notaria a mudança.

> **DIÁRIO SECRETO DO AL** 4 de junho de 1935
>
> Outra noite horrível. Não tenho dormido direito. Quem consegue dormir num lugar horroroso como este? Os guardas andam de um lado para o outro a noite inteira, suas botas de couro rangendo no chão. Os barcos apitam na baía. Os presos rolam no chão e gritam nas celas. Isto aqui é uma fábrica de doidos, pode crer. Só porque acham que estou dormindo! Dion entra e senta no meu catre. Lembra daquele maluco do O'Banion, o florista? Eu fui ao enterro dele. "E aí, Dion, tudo bem?", pergunto. "Bem nada, Al", ele responde e me mostra os furos de bala no peito. "Que coisa feia, cara", eu digo. "Quem te recheou assim de azeitona?"
>
> "Você, Al", e ele acha graça. (Quer saber, acho que ele não está batendo bem.) Depois ele sobe flutuando até o teto. Faz um sinal para mim. "Venha, Al, vamos cair fora!", e voa através das grades da cela. Ouço o eco da sua risada se afastando no corredor. Juro por Deus que o cara está doidinho da silva!!

Vida em marcha lenta

O que estava acontecendo com o Al era pior do que uma simples loucura de presidiário. Havia tempo que ele padecia, sem saber, de uma séria doença neurológica, que talvez tenha sido a causa do temperamento violento que ele teve a vida toda. Mas no estágio atual, a doença estava afetando seu sistema nervoso. A pronúncia de Al estava embaralhada, seus movimentos eram lentos. Às vezes ele tinha as ideias claras, outras vezes elas ficavam disparatadas, confusas.

Logo todos perceberam que havia algo de errado com o Grandão. Um dia houve um engarrafamento na fila do almoço. Era o Al Capone que estava impedindo a fila de andar. Atordoado, ele deixou os outros passarem. Arrastando-se no fim da fila, Al cambaleou e desabou no chão do refeitório. A cena era patética. O homem que havia mandado e desmandado na cidade de Chicago foi levado para o hospital da prisão como um bebê indefeso.

Capone nunca mais se recuperou. Passou o resto da pena no hospital. Presos com casos como o dele eram postos em "gaiolas", na enfermaria. O vizinho do Al era um assaltante de bancos completamente pirado, de nome Carl Janaway. Os dois passavam o dia xingando-se "como dois meninos de seis anos num tanque de areia". Uma vez a coisa esquentou tanto que eles foram se municiar nos penicos, e em poucos segundos a sala era atravessada por projéteis de cocô.

Al Capone e sua gangue

A equipe do hospital ficou de fora até a batalha de cocô terminar. Ou por acaso você teria entrado na linha de fogo?

O comportamento aloprado do Al finalmente fez o que seus advogados não tinham conseguido fazer: ele foi transferido de Alcatraz. Seu último dia na ilha foi 6 de janeiro de 1939. Aqueles quatro anos na ilha do silêncio tinham-no reduzido a um farrapo do velho Al. Mais tarde, naquele mesmo ano, ele foi solto. Os repórteres perguntaram a Greasy Thumb Guzik se Capone voltaria a ser o líder da gangue. A resposta foi simples.

O Al está doido de pedra.

Aposentadoria melancólica

Al passou seus últimos anos no seu velho retiro de Palm Island, sob os cuidados da família. Vivia isolado em seu mundo, praticamente sem consciência do que ocorria fora dele — coisinhas insignificantes, como a Segunda Guerra Mundial, por exemplo.

Outrora, a mansão de Palm Island conhecera festas faustosas, visitas regulares da polícia e uma torrente de gângsteres e repórteres amontoada nos portões. Agora estava sossegada como um asilo de velhinhos. Al levava uma vida fantasmagórica. Às vezes passava horas sentado no píer com uma vara de pescar na mão e um charuto na boca. Às vezes lia o jornal, principalmente quando tinha alguma matéria sobre ele (coisa rara, agora). Ocasionalmente algum amigo aparecia para jogar cartas. Certa vez, tendo perdido,

Al atirou o baralho na cara do bandido que tinha tido a audácia de ganhar dele.

"Quem é este engraçadinho?", perguntou. "Mande os rapazes darem um trato nele!"

Em outros tempos, a ordem teria sido cumprida à risca. Mas já não era assim.

De volta a Chicago

Finalmente, no dia 25 de janeiro de 1947, Al deu seu último suspiro. Sua velha mãe, Sonny, seus irmãos e irmãs estavam ao seu lado. Uma multidão de repórteres aguardava no portão. Al teria gostado de ver, afinal sempre adorou publicidade. Al Capone não teve a morte típica de um gângster, crivado de balas no meio da rua. Morreu tranquilamente na cama. Com seus cabelos grisalhos, seu pijama de seda, parecia um velhinho bondoso. Ninguém diria que ele estava com apenas 48 anos.

Al Capone foi enterrado na sua velha Chicago, num dia de frio e neve. O gângster milionário, que tinha vivido como um rei, teve a mais simples das lápides. Talvez porque não houvesse palavras que pudessem sintetizar uma vida como a dele.

Al Capone e sua gangue

Um homem de duas faces

O que podemos dizer sobre Capone, afinal de contas? Ele ficou famoso de morrer como o maior gângster da história. Um bandido impiedoso, que chegou ao topo da pirâmide do crime por obra de sua inteligência e brutalidade. Mas sua família e seus companheiros falam de um Al Capone bem diferente. Sonny dizia esperar que o pai fosse lembrado como "um fora da lei do tipo do Jesse James, que tirava dos ricos para dar aos pobres".[5]

Então, qual o verdadeiro Al Capone? O mocinho ou o bandido? As opiniões se dividem.

Al Capone: 1899-1947

Al Capone era um homem exuberante, de enorme coração, que nunca negou ajuda a ninguém. Al era rico como um rei, mas não era sovina. Quem mais andava pelas ruas de Chicago atirando moedas pela janela? Multidões costumavam se formar só para vê-lo passar. Quantas pessoas pobres não teriam morrido de frio não fosse o Al, que lhes dava carvão para se aquecerem no inverno? Estas é que não iriam censurá-lo por traficar bebida alcoólica. Como o próprio Al dizia: "Se as pessoas não quisessem tomar cerveja, só um doido varrido ia tentar vendê-la". Al era inteligente. Foi o cara que levou os métodos do mundo dos negócios para o submundo da ilegalidade. Digam o que quiserem sobre ele, o caso é que o Al fez o que outros apenas sonharam fazer. Foi um garoto pobre que ficou milionário.

---

5. Sonny está trocando as bolas. Quem tirava dos ricos para dar aos pobres era o Robin Hood.

Capone em cana

Scarface Capone: 1899-1947

Scarface Capone era a cara feia do crime organizado nos EUA. Outros gângsteres passaram pela Terra, mas nenhum se igualou ao Grandão. Capone gostava de se fazer passar por um respeitável chefe de família. Mas no fundo ele era presunçoso, destemperado e perigoso. Ninguém sabe quantos homens ele matou ou em quem mandou "dar um trato". Se encontrava alguém em seu caminho, Scarface dava cabo. Não era vingança. Era por necessidade do negócio. Apesar de todo o seu charme e estilo, ninguém deve esquecer que Al Capone foi um frio assassino.

Qual é o verdadeiro Al Capone? A resposta é: ambos. Personagens mortos de fama como ele não são sempre *ou* bons, *ou* maus, e Al era uma desconcertante mistura dos dois. O mesmo homem que ordenou a morte de sete homens no Dia de São Valentim distribuiria, anos depois, pratos de sopa para os pobres e desempregados. Ele era bondoso e cruel, generoso e implacável. Mae sempre acreditou que ele era um bom homem que os jornais pintavam como o diabo em pessoa. Al provavelmente também achava isso. Antes do seu julgamento, queixou-se: "É impossível que um homem da minha idade tenha feito tudo aquilo de que me acusam. Sou uma assombração nascida de milhões de cérebros".

Assim foi Al Capone: gângster, lenda, bicho-papão, o homem que *era* a Chicago dos anos 20. Era mocinho e bandido. Um artista que sempre representava para o seu público. Uma coisa é certa: ele fez tudo para não ser esquecido. Quarenta anos depois, Al ainda tinha um trunfo guardado na manga...

Al Capone e sua gangue

CHICAGO URGENTE

23 de abril de 1986

OS MILHÕES DE AL CAPONE

O fato foi anunciado como a resposta de Chicago à descoberta do túmulo de Tutancâmon. Estaria escondido naquela cripta secreta o tesouro perdido de Al Capone?

Seria ali o esconderijo do Al?

O local subterrâneo havia sido descoberto recentemente no subsolo do hotel Lexington, em ruínas. Na década de 20, o Lexington era o QG de Capone, de onde ele dirigia seu império multimilionário do crime. Mas até então nunca haviam sido encontrados os milhões que faltavam da sua fortuna. Será que ficaram escondidos debaixo do hotel por quarenta anos? Ontem, diante das câmeras de TV e de um grande número de curiosos, os tratores avançaram.

Cadê a grana?

Calculava-se que a fortuna de Al Capone, em seus dias áureos, somava uns 25 milhões de dólares. Mas, ao morrer, ele se dizia mais pobre que camundongo de sacristia. Era verdade, ou ele tinha escondido seu tesouro em algum local secreto? Pelo que se sabe, sua mulher e seus filhos nunca viram a cor do dinheiro. Mae e

Capone em cana

Sonny precisaram vender a casa e, por algum tempo, tiveram um restaurante que não deu certo.

Eles eram os únicos com supostos direitos sobre o dinheiro do Al. Quando Capone morreu, ainda devia ao fisco 200 mil dólares. Um fiscal estava presente ontem na abertura do subterrâneo. "Se houver algum dinheiro, estou aqui para cobrar a minha parte", disse o esperançoso fiscal.

Só paredes

Mas quando a parede de concreto de sessenta centímetros foi derrubada, revelou... outra parede. Quando esta foi demolida, o apresentador da TV começou a perder as esperanças. "Não sei como explicar a vocês, mas encontramos outra parede!" Por fim, detonou-se o esconderijo. Quando a poeira baixou, o segredo foi desvendado.

Além de umas poucas garrafas vazias de gim, a caixa-forte estava vazia. A TV ficou sem ter o que mostrar. O fiscal do imposto de renda saiu de mãos abanando. Mais uma vez Capone tinha passado a perna em todo mundo. Em algum ponto dos corredores do velho hotel em ruínas, uma risada fantasmagórica deve ter ecoado.

GLOSSÁRIO

Bugs — Este *bug* não tem nada a ver com os dos programas de computador. Até porque não existiam computadores na época. Na linguagem corrente, *bug* é qualquer inseto. Na gíria da máfia, é um cara perigosíssimo, de tão doido que é.

Greasy Thumb — Dedão gorduroso. Na página 100 você viu por que o chamavam assim.

Hymie — Nome depreciativo para judeu.

Lefty — Canhoto. Adivinhe com que mão o Lefty Lane apontava o revólver ou mostrava o distintivo, antes de declarar: "Teje preso!".

Lucky — Sortudo.

Scarface — Aqui o apelido seria simplesmente "Cicatriz". (*Scar*, cicatriz, *face*, face mesmo ou, se preferir, cara.)

Shorty — Baixinho, tampinha, meio-quilo.

Snorky — Elegante. O Al devia ser mesmo *superfashion*, com aquela coleção de ternos de cores discretíssimas.

The Four Deuces — Os quatro duques, por causa do número do prédio: 2222. Ah, vai ver que você não sabe que no pôquer, no jogo de dados ou até no bingo da paróquia, "duque" quer dizer "dois".